AGRADECIMIENTO

Agradezco a Dios por darme salud, capacidad, entendimiento y a través de este libro dirigirme y ayudar a la comunidad hispana.

Me siento muy afortunado de estar rodeado de personas que me han motivado de una o de otra manera a desarrollar este libro.

Quiero agradecer a mi esposa Misela, quien con su perseverancia me ha apoyado de manera incondicional en la redacción del mismo. A mis hijas Mia y Amy quienes son mi inspiración y el motor fundamental para seguir adelante y ser una mejor persona. Quiero agradecer a mis padres, y mi familia por confiar y darme todo su apoyo.

CONTENIDO

El proceso para alcanzar una independencia económica es planificar. Para que una persona pueda alcanzar sus metas tiene que tomar en consideración los siguientes elementos: planear como administrar sus ahorros y deudas, planear como ahorrar para su retiro, planear como invertir su dinero, planear como asegurarse en caso de una desgracia, y por último como planear para la educación de sus hijos.

CAPITULO I

COMO ADMINISTRAR SUS AHORROS Y DEUDAS

El principal objetivo en planear como administrar sus ahorros y sus deudas es establecer un mecanismo para ahorrar. Para empezar tendríamos que empezar por algún punto, y ese punto seria el de saber cual es el patrimonio o capital. El segundo punto seria como administrar su efectivo.

PORQUE ES IMPORTANTE SABER CUAL ES SU CAPITAL?

La respuesta a esta pregunta es muy sencilla ya que le permite establecer una disciplina financiera, organizar su vida financiera para poder alcanzar sus metas futuras. Le ayuda a su progreso financiero y le ayuda a sentirse mas seguro acerca de su futuro.

Entonces se preguntará como calcular su patrimonio. Calcular su patrimonio es muy sencillo. Usted tiene que deducir la cantidad de sus deudas de sus activos. Es decir, usted recolecta el valor en el mercado de todo lo que posee como por ejemplo, el valor en mercado de su casa o propiedades, si usted tiene cuentas de ahorro, certificados de depósito, bonos, acciones, etc. Entonces resta todas sus deudas como por ejemplo, préstamos hipotecarios, préstamos personales, balances en sus tarjetas de créditos, etc. En otras palabras, Su patrimonio es la diferencia entre todo lo que debe y todo lo que posee. Ese valor es el patrimonio que usted tiene. Si ese valor lo compara con el valor de su patrimonio con la del año anterior y ve que el valor ha incrementado con relación al año anterior, esto quiere decir que usted esta haciendo progresos y mejorando su situación financiera.

Planear como manejar su efectivo es el segundo punto de consideración. Para esto usted debería calcular sus ingresos y egresos. Si sus ingresos son mayores que sus gastos, entonces usted estaría creando un ahorro. El ahorro de fondos le permitirá crear fondos de emergencia, fondos para la educación de sus hijos, fondos de retiro, fondos para la compra de su primera casa, o fondos para adquirir una propiedad de inversión.

Uno de los problemas que la gente tiene para ahorrar es que no saben como controlarse en sus gastos. Por lo general la gente gasta más de lo que recibe en remuneraciones. La solución a este problema es establecer un presupuesto. En que consiste el presupuesto es parte de la discusión que a continuación describiré. Establecer un presupuesto no es tan difícil. Usted toma en consideración todos sus gastos como por ejemplo: comida, renta, o la cantidad de préstamo hipotecario, vestimenta, seguros, pagos de préstamos de carro o personales. Así como también debe tomar en consideración todos sus ingresos como por ejemplo, remuneraciones del salario, intereses en cuentas de ahorro, certificados de depósitos, o de bonos en compañías en las cuales invierte, dividendos de compañías en las cuales invierte, etc. Una vez que Usted cree un presupuesto compare con los gastos que realmente ocurrieron e identifique que gastos varia del presupuesto. Si usted esta gastando más de lo presupuestado usted no estaría tomando las medidas apropiadas, se deberá tomar medidas estrictas para corregir el problema. Por ejemplo, si usted hace un presupuesto de gastar $100 en comida cada semana. Solamente $100 deben gastarse. Si la cantidad supera la cantidad presupuestada, usted debería tomar en consideración muy seriamente y reevaluar su presupuesto.

La clave es mantener sus gastos en línea a lo presupuestado, sus gastos no debería de ninguna manera exceder sus ingresos. Si su ingreso es mayor que sus gastos usted estaría creando un ahorro que le permitiría lograr sus metas a corto, mediano y a largo plazo.

Si su ahorro es inapropiado, siga los siguientes pasos: El primer paso es estimar cada uno de los gastos de mayor magnitud y compare los con los gastos actuales. Si los gastos actuales son mayores que los estimados, usted debería reducir los gastos actuales a nivel del gasto estimado.

Trate de incrementar su salario. Si su salario no le permite ahorrar, busque otra forma de ingreso, ya sea buscando un trabajo a medio tiempo.

Trate de que su cuenta de cheques este a una mínima cantidad. Usualmente la cuenta de cheques no recibe intereses. Trate de buscar otras alternativas para incrementar su retorno. Por ejemplo, trate de mover su dinero de una cuenta de cheques a una cuenta de ahorros o cuenta de certificado de depósitos donde el interés es mayor.

El cuarto paso seria el de mover sus cuentas que tiene un bajo o no interés a cuentas de inversión donde su retorno será mayor. Por ejemplo, invierta en compañías que paguen dividendos o fondos mutuales que le paguen dividendos. También usted debería cambiar su certificado de depósito que le ofrece un interés acumulado trimestralmente a un certificado de depósito que el interés acumule diariamente. Si usted tiene bonos en compañías y su ingreso es alto la mejor alternativa es obtener bonos de municipalidades que de den el mismo retorno ya que haciendo esto no pagaría impuestos. Usualmente, los intereses que recibe de este tipo de bonos son exentos de pagar impuestos. Si usted tiene acciones en compañías de crecimiento cambie las por acciones que distribuyan dividendos como por ejemplo en compañías de gas, electricidad, energía.

COMO MANEJAR SU CREDITO Y SU DEBITO

Hoy en día con las innumerables ofertas que llegan por correo para aplicar a tarjetas de crédito, la gente esta mas propensa a endeudarse. Compañías que emiten tarjetas de crédito cargan un interés extremadamente alto. Es fácil comprar artículos a crédito pero pagarlas es difícil, ya que por la razón del alto interés se hace difícil pagar. Últimamente ha habido un incremento de personas quienes llenan aplicaciones para banca rota. Banca rota es cuando una persona acumula deudas hasta el punto que no las puede pagar. Las consecuencias de tener un mal crédito se puede encontrar cuando una persona necesita crédito para comprar una casa o un vehículo. Si sus deudas son grandes trate de negociar con sus acreedores ya sea refinanciando la deuda o acudir a un centro de conserjería de crédito.

ALTERNATIVAS DE INVERSION

Hay algunas alternativas de inversión. Esta sección es designada para hablar acerca de inversiones que proveen con ingresos fijos. Inversiones en acciones, y fondos mutuos.

Empezare hablando de inversiones que proveen un ingreso fijo. Con esta inversión, el inversionista espera pagos en tiempos determinados. Existe diferentes tipos de inversión como por ejemplo: cuentas de ahorro, certificados de depósito, bonos del gobierno federal, fondos mutuales y bonos corporativos.

CUENTAS DE AHORRO

Estas son cuentas que proveen ingreso fijo al individuo proveyendo le con intereses sobre el dinero retenido en la cuenta. Este tipo de cuenta es de bajo riesgo esto significa que su dinero mantiene su capital. Por ejemplo, si usted puso $ 100 en el banco los $ 100 recibirían cuando lo retire incluyendo los intereses. A diferencia de tener un fondo mutual o acciones el capital invertido puede disminuir de acuerdo a las fluctuaciones del mercado. Por ejemplo si usted compra $100 en acciones en una compañía y precio de las acciones disminuyen a $70 su capital. Además, su dinero en una cuenta bancaria es asegurado por una agencia del gobierno sus siglas en ingles es FDIC o llamado

Corporación Aseguradora de Depósitos Federales. La cantidad máxima que esta agencia asegura sus ahorros es hasta $250,000 actualmente. Esto quiere decir que si la compañía financiera en la cual usted tiene ahorrado quiebra, esta agencia federal lo regresara su dinero.

CERTIFICADOS DE DEPOSITO

Certificados de Depósitos conocido por sus siglas CD es una forma de inversión en el cual el inversionista recibe un ingreso fijo a través del interés que recibe de la institución financiera. Usualmente, el tiempo determinado es de seis meses a cinco años. El interés recibido es mayor que el de una cuenta de ahorros. Existe una penalidad si el dinero es retirado antes del tiempo acordado.

Punto de partida para planear un ahorro.

Un plan de ahorro empieza por planear con cuanto es el capital para empezar. Usted tiene que ponerse una meta realista. Para empezar tiene que tener en cuenta el porcentaje que desea alcanzar.

Porcentaje 10%

	Year1	Year2	Year3	Year4	Year5
Capital	$1,000	$1,100	$1,210	$1,331	$1,494	$1,643
Ahorros		$100	$110	$121	$133.1	$149.4

CAPITULO II

PLANEAR SU RETIRO.

No importa cuan distante esta su retiro, lo importante es empezar lo más pronto posible. De esta manera Usted tendrá lo suficientes fondos para vivir los últimos años de su existencia. Estadísticamente hablando, las personas que pueden disfrutar de una independencia económica a su vejez es mínima. Muchas tienen que depender del gobierno aunque este no le proporcione con los suficientes fondos para sobrevivir en sus años dorados. Además muchas personas después de los 65 años continúan trabajando para poder cubrir con los gastos, como los costos de medicina los mismos que son sumamente costosos. El programa de Medicare solamente cubre parte de los costos a los retirados. Muchos de los gastos como el cuidado a largo plazo o el cuidado de enfermería para aquellos que necesiten a causa de Alzaimers son cubiertos por el programa de Medicare.

El primer paso a seguir con el propósito de tener fondos para su retiro son los siguientes. El primer paso seria estimar sus gastos de su pre-retiro. El segundo paso a seguir seria el de determinar gastos mensuales, anuales, para mantener el standard de vida. El tercer paso seria determinar el ingreso total que espera recibir en el futuro como por ejemplo ingreso de seguro social, planes de retiro, ahorros personales, pensiones, etc. El quinto paso seria tomar medidas apropiadas para solucionar el problema de que su ingreso en el futuro sean más que los gastos necesarios.

Hablemos acerca de los recursos de ingreso que existe cuando una persona confronte la época de retirarse.

1) Planes gubernamentales.
2) Planes de retiro corporativo.
3) Planes de retiro personales.
4) Inversiones personales
5) Empleo durante el retiro.

PLANES GUBERNAMENTALES

Comencemos hablando acerca de planes gubernamentales de retiro. Gracias a Franklin Rooselvet es que existe el seguro social. Este fue institucionalizado en el ano 1935. El seguro social fue creado como complemento a los ingresos de pensiones, ahorros, inversiones, etc. que la persona retirada recibiría. Las personas quienes se retiran necesitan un mínimo de 70 a 80% del ingreso que solía recibir cuando trabajaba.

El seguro social incluye retiro a los envejecíentes, así como también incluye beneficio a los que les sobreviven, y seguro de enfermedad. El seguro social es financiado por los pagos deducibles cada vez que recibe su cheque del su empleador. Los impuestos deducibles para el seguro social son pagados por el empleador y el empleado. Ambos contribuyen con el 50%. Es decir usted aporta el 50% y su empleador el otro 50%. Para ser elegibles a los beneficios del seguro social, el trabajador debe estar asegurado en su totalidad lo que significa que una mínima cantidad de cuartos de trabajo debe ser ganado. La mayor parte de las personas necesita 40 cuartos, 10 años de servicio o un cuarto por año desde 21 años hasta los 62 años para ser asegurados completamente.

Hay seis tipos de beneficios que ofrece el seguro social:

Uno es el beneficio de retiro el cual provee cheques mensuales a los retirados. La edad cuando los beneficios empiezan desde la edad de 65 años en 2000 y se ha incrementado a 67 años hasta el año 2027. El beneficio de deshabilitados pagan por los beneficios aquellas personas quienes tienen suficientes créditos y quienes han sufrido un impedimento físico o mental. El tercer beneficio es el familiar. Este beneficio provee a ciertos miembros de la familia como esposas quienes tienen 62 años, esposas quienes tienen menos de 62 años pero tienen al cuidado a un niño de 16 años o menos, hijos solteros menores de 18 años o solteros menores de 19 años y estudiantes e hijos solteros incapacitados.

Beneficios a los sobrevivientes es el siguiente beneficio. Estos beneficios se proporciona a miembros familiares ya sean estas esposas e hijos quienes recibirían también un solo pago de $255 a la muerte del esposo. Medicare es otro tipo de beneficio el cual provee atención medica y hospitalización para aquellas personas quienes han alcanzado la edad de retiro o quienes reciben beneficios de deshabilitado.

El último beneficio que proporciona el Seguro Social es el ingreso de seguro suplementario. Este provee pagos mensuales a aquellas personas deshabilitadas o tienen bajos ingresos y tienen pocos activos. La mínima edad que una persona se puede retirar es 62 años. A la edad de 62 la persona recibirá los beneficios entre los 70% y 80% de los beneficios. Si una persona continua trabajando después de la edad de retiro los beneficios mensuales se incrementaran. El incremento será 3% cada año por cada mes de trabajo después de la edad de retiro. Sin embargo, el incremento es solo proveído hasta que la persona retirada alcance la edad de 70 años.

Los beneficios del seguro social permiten asegurar a la esposa e hijos. Si el trabajador aplica para los beneficios del seguro social a la edad de 65 años, la esposa recibe 50% de la cantidad el retirado esta autorizado a recibir. Los hijos tendrán el derecho de recibir 50% de la cantidad el retirado esta autorizado a recibir. En caso de divorcio, o viudez, la esposa recibirá 100% de la cantidad. Una persona que sufre de alguna condición que no le permita trabajar recibirá 100% de la cantidad sin importar la edad. Después de que una persona es elegible a estos beneficios la persona puede recibir los beneficios de por vida. Una persona bajo los 35 años recibirá entre 40% y el 80% de los pagos mensuales. Los pagos mensuales por el seguro social son incrementados de acuerdo al costo de vida.

El cuidado medico o Medicare es un programa de salud subsidiado por el gobierno para aquellas personas que tienen mas de 65 años y personas deshabilitadas. El plan básico provee con gastos de hospitalización y cuidado de enfermería. El plan suplementario es voluntario y cubre aquellas personas quienes hacen pagos requeridos, y cubre los gastos de doctores y por otros servicios no cubiertos por los gastos de hospitalización.

PLANES DE RETIRO CORPORATIVO

PLANES DE RETIRO CALIFICADOS.

Estos planes son un excelente vehículo para acumular ahorros para su retiro. Distribución de este dinero reciben un tratamiento favorable en cuestión de impuestos. Las ventajas que ofrecen este plan es que le permite deducir los costos al empleador, mientras que las contribuciones que el empleado aporta al plan son libres de impuestos. Así también las ganancias en el plan no paga impuestos hasta que los fondos sean distribuidos. Por ejemplo, usted contribuye a un 401K y difiere 10% de un salario de $40,000. La compañía aporta con el 3% de su contribución así que la contribución al plan es de $5,200 asumiendo un 11.2% de retorno, cuando se retire en 30 años tendrá un balance acumulado de $1,195,852. En cambio si su esposa ahorra solamente $4,000 en una cuenta de retiro individual o IRA tendrá $919,886. Esto quiere decir que si su empleador aporta a una cuenta de retiro vale la pena.

Los planes calificados se dividen en cuatro tipos: planes de pensión y planes de utilidad compartida. A su vez los planes de pensión se subdividen en planes de pensión definida y planes de pensión de contribución definida. Los planes de pensión de beneficio definido se subdividen aun más planes de pensión definida y plan de pensión de balance en efectivo. En cambio, los planes de pensión de contribución definida se subdividen aun más en planes de pensión de compra de dinero y planes de pensión de beneficio apuntado.

El otro tipo de plan es el plan de utilidad compartida. Hay siete tipos en este plan: planes de utilidad compartida, planes de bonos en acciones, planes de posesión de acciones por parte del empleado, planes 401K, Planes Thrift, planes nuevos de comprar, planes de utilidad compartida basada en la edad.

PLANES DE PENSION VS PLANES DE UTILIDAD COMPARTIDA.

Un plan de retiro usualmente paga los beneficios a empleados retirados hasta su muerte. El plan de pensión es administrado por el empleador el mismo que paga una pensión cuando el empleado se retire. Este tipo de planes no son tan comunes hoy en día ya que empleados cambian de trabajos constantemente. Hoy en día empleadores han optado por usar más los planes de utilidad compartida ya que el participante del plan es responsable por la administración del plan.

PLANES DE BENEFICIO DEFINIDO

Un plan de beneficio definido es diseñado para proveer un beneficio al empleado a una edad de retiro normal. Este plan es basado en una formula de contribución. La cantidad que el empleado puede recibir a su retiro no debe exceder una cierta cantidad la cual cambia cada año de acuerdo a inflación. El plan de beneficio definido es pagado a los participantes del plan cuando se retire. Estos planes pagan a los participantes del plan el beneficio especificado el cual es descrito en el documento. Este tipo de plan se subdivide en dos planes: beneficio definido y balance en efectivo.

PLANES DE BENEFICIO DEFINIDO.

Este plan garantiza un nivel de beneficio específico al retirarse. La contribución a este plan son determinado cada año por un administrador. El beneficio es especificado en el documento del plan y se puede contribuir una cantidad fija, un porcentaje de las ganancias o de acuerdo a los años de servicio. Este plan es diseñado para aquellos empleados quienes se comprometen a trabajar por un largo tiempo en la compañía. Este plan beneficia aquellos empleados

14

quienes reciben altas compensaciones y son mayores de 50 años de edad.

Existen nuevas reglas de distribución de estos planes. La regla anterior permitía al individuo recibir la cantidad acumulada de su antiguo plan y luego transferir a un nuevo plan dentro de 60 días sin tener que pagar impuestos. Las nuevas reglas requieren que la cantidad acumulada sea transferida de un antiguo plan calificado a un nuevo plan calificado directamente. También, la transferencia se puede hacer a una cuenta de retiro individual directamente. En caso de que Usted no elija transferir los fondos directamente al nuevo plan, la nueva regla requiere que el 20% de la cantidad sea retenida de cada distribución elegible.

Bajo las nuevas reglas el empleado tiene tres opciones para transferir los fondos de un plan calificado a una cuenta de retiro individual. Para analizar este punto voy a describir un ejemplo para mejor explicar este punto. Pedro ha acumulado $ 50,000 en el plan de retiro durante todo el tiempo que ha llevado trabajando en la empresa. Pedro ha encontrado una mejor oportunidad de trabajo y decide transferir de su antiguo plan a otro plan proveído por el nuevo patrono. Bajo la nueva regla Pedro recibiría la cantidad de $ 40,000 solamente ya que la nueva regla 20% de la cantidad acumulada es retenida por el antiguo patrono. Entonces las opciones de Pedro son las siguientes después de haber recibido los $ 40,000. La primera opción es que Pedro podría depositar los $ 40,000 en el nuevo plan. Esta opción no es recomendada ya que el IRS asume que Pedro tomo el fondo de retiro o los $ 10,000 antes del tiempo predeterminado y por este motivo Pedro tendría que pagar impuestos sobre los $ 10,000 y además una penalidad del 10% se aplicaría para aquellas personas que retiren sus fondos de retiro antes de los 59 años y medio.

La otra opción bajo la nueva regla es que Pedro tendría que contribuir de su propio dinero los $ 10,000 retenidos por el antiguo patrono más los $ 40,000 de los fondos recibidos, así que $50,000 seria contribuido al nuevo plan. De esta manera el IRS le reembolsaría los $ 10,000 cuando Pedro llene las planillas de impuesto en el segundo año.

La otra opción es que Pedro trasfiera directamente del antiguo plan al nuevo plan. Así que Pedro tendría que transferir $ 50,000 del antiguo al nuevo plan. Este método es el más recomendado ya que Pedro pagaría no impuestos ni tampoco tendría que pagar la penalidad del 10%.

PLANES DE CONTRIBUTION DEFINIDA

Los planes de contribución definida prometen pagar al empleado una pensión específica cuando se retire. Este tipo de plan esta basado en la una formula de beneficio. Los beneficios de retiro no son garantizados. En este tipo de plan la cantidad de retiro es determinada por la inversión de los fondos. Este tipo de plan es parecido al plan de beneficio definido. La contribución a este plan no tiene que exceder la cantidad necesaria para contribuir los beneficios del participante es decir 195,000 o 100% de la compensación. Además, la contribución es flexible.

TIPOS DE PLANES DE CONTRIBUCION DEFINIDA.

Hay tres clases de planes de contribución definida: planes de utilidad compartida, planes de pensión en compra de dinero y plan de beneficio apuntado, 401K, bonos en acciones, planes de incentivo en acciones.

PLAN DE UTILIDAD COMPARTIDA

Es un plan establecido por el empleador para proveer participación de los empleados en las ganancias de la empresa. Este tipo de planes permiten al empleador hacer contribuciones al plan en beneficio del empleado sin embargo el empleador no es requerido hacer contribuciones por una cantidad especifica. Una formula se usa para calcular las contribuciones que le tocaría hacer a los participantes. El cálculo de las contribuciones se hace en proporción o porcentaje de compensación.

PLANES DE BONOS EN ACCIONES.

Este plan permite al empleado participar en el plan de retiro a través de la contribución de acciones de la corporación. Los empleadores usan este tipo de plan porque no tienen que contribuir efectivo así que no tiene problemas de flujo de caja.

El valor en el mercado de las acciones al momento de la contribución es deducible de impuestos por parte del empleador. Se cree que ofrecer este tipo de planes al empleado promueve la productividad de la empresa ya que el interés de los accionistas de la empresa es el crecimiento de la misma.

PLANES DE POSECCION DE ACCIONES POR PARTE DEL EMPLEADO.

Este plan es similar al anterior en lo que respecta a participación de los empleados en ser parte de la corporación a través de acciones. El Congreso quiso dar un incentivo a los empleadores para que los valiosos empleados sean parte de la corporación obteniendo acciones en la compañía. Para el empleador este tipo de plan ofrece ventajas especialmente en lo que relaciona a los impuestos, ya que las contribuciones son deducibles de impuestos. Este plan es controlado por un Fondo de Inversión.

PLAN 401K.

El empleado tiene la opción de diferir su ingreso. Hay dos tipos uno es que a través de deducción del salario o contribución del empleador. Un empleado tiene la elección de diferir el ingreso de acuerdo a un porcentaje de compensación. La cantidad de dinero el empleador aporta es reducida de su salario cada vez que el empleado contribuye al fondo de retiro. La aportación a este plan reduce su salario por ende sus impuestos a pagar también son reducidos. La cantidad máxima que un empleado puede diferir es del $16,500 de la compensación recibida. El empleado puede contribuir $5,500 más, si el empleado es más de 50 años. Una de las ventajas de aportar a este tipo de plan es que su dinero ahorrado crece libre de impuestos hasta que los fondos sean retirados o sean transferidos a otro tipo de cuenta de retiro. Estos fondos no pueden ser retirados hasta que el empleado tenga 59 años y medio de edad. Solamente los fondos pueden ser retirados o transferidos hasta que el empleado se retire, o por alguna razón ya sea por fuerza mayor. Una característica especial de este fondo es que le permite al empleado pedir prestado del plan. Es decir que el empleado puede hacer un préstamo hasta $50,000 o 50% del valor de las aportaciones en el fondo. El interés es relativamente razonable con relación del interés que ofrecen las instituciones financieras. El interés del préstamo es considerado como un préstamo personal por lo que no son deducibles de los impuestos.

PLAN DE RETIRO SIMPLE.

La siglas en ingles es SIMPLE es un plan de retiro. Para calificar para este tipo de plan el empleador debe tener 100 empleados o menos, cada empleado debe ganar $5,000 esta cantidad varía de acuerdo a nuevas leyes. Un empleado puede contribuir hasta $11,500 y un adicional de $2,500 en 2009 para aquellos que califiquen. Como el propósito de cualquier plan es diferir sus impuestos, el empleador puede deducir las contribuciones del ingreso, por otra parte las contribuciones del empleado son excluidas de su ingreso, y las ganancias en este tipo de plan son deferidas de impuestos. Un plan SIMPLE puede ser establecido ya sea como una cuenta de retiro individual o IRA para cada empleado, o también como un plan 401K.

PLAN DE RETIRO INDIVIDUAL O SIMPLE IRA

Para ser elegibles para participar en este plan. El empleado debe haber recibido al menos $ 5,000 en compensación durante dos años anteriores y durante el año en transcurso. Los empleados pueden contribuir hasta 100% de su compensación que no exceda $11,500. El empleador puede contribuir hasta 1% de la compensación del empleador. El empleador también puede contribuir por lo menos 2% en beneficio del empleado. El empleado paga impuestos sobre las cuando los fondos sean retirados de la cuenta. Si los fondos son retirados durante los dos años de participación en el plan la penalidad es del 25% envés del 10% que usualmente se paga en otros planes. En este tipo de planes no se puede pedir prestado al plan.

PLAN DE PENSION DEL EMPLEADO SIMPLIFICADO.

Este tipo de plan es conocido por las siglas en ingles SEP y han estado en existencia desde 1979. Los otros tipos de planes fueron establecidos para proveer pequeños empleadores con planes de retiro menos costosos que los otros tipos de planes. SEPS simplemente proveen al empleador la opción de contribuir al IRA de un empleado. Así de esta manera los empleados administran sus cuentas. La contribución del empleador a una cuenta SEP es lo más bajo de 25% del rol de pagos o $ 49,000. Este plan es una combinación de un IRA y un plan de contribución. Empleadores pueden usar este tipo de plan para aprovechar los beneficios que un IRA provee. Los beneficios de usar un IRA como un vehículo del plan es que los costos de la manutención de los archivos son mínimos. El empleador no puede excluir un grupo similar de empleados. Los planes SEP cubren a todos los empleados quienes tengan 21 años, ganen por lo menos $ 500 y quienes hayan trabajado para la compañía por al menos 3 años. Cualquier distribución del plan tiene que incluir en su ingreso y pagar impuestos. Para un empleador que contrata empleados temporarios resultaría muy costoso. Transferencias de un SEP a otro SEP o a cuenta individual IRA, o a un plan calificado, o un plan gubernamental 457, o a un plan de utilidad compartida son permitidos.

PLANES DE GANANCIAS COMPARTIDAS.

La principal razón de ofrecer este tipo de plan al empleado es compartir utilidades de la empresa, sin embargo no es obligación hacer contribuciones de una cantidad específica a este plan. En este tipo de plan, cada año el empleador puede hacer contribuciones al plan de acuerdo a un porcentaje del salario de cada empleado, aunque la compañía no tenga utilidades por ese año. Un aspecto importante de este tipo de plan es la libertad de invertir en acciones de la empresa. En este tipo de planes los empleados pueden retirar los fondos si los mismos han estado en la cuenta por lo menos dos años. Las contribuciones no paga impuestos y crecen libres de impuestos hasta que las aportaciones sean distribuidas. El empleado puede contribuir un porcentaje de la compensación total del empleador pero es limitado de la compensación total.

PLANES DE RETIRO PERSONALES

Cualquier persona es elegible para abrir una cuenta de retiro personal ya sea un empleado o trabaje para sí mismo; ya sea un trabajo a tiempo completo o medio tiempo. El individuo debe tener cualquier tipo de compensación. Hay dos tipos de cuenta de retiro personal, la una es la tradicional o regular y la nueva opción se llama Roth IRA. En la cuenta de retiro tradicional las contribuciones son deducidas de sus ingresos cuando llena las planillas de impuestos. Hay una cantidad limite que la persona puede contribuir al este tipo de cuentas. Por ejemplo, para el 2009, la contribución límite es de $5,000 para una persona soltera, y $10,000 para una pajera de casados. Se puede contribuir $1,000 si la persona es más de 50 años. Estas cantidades nos son constantes es decir tienden a cambiar. Pero ciertas restricciones aplican cuando la persona aporta a un plan definido de retiro. También existen limitaciones de deducción de impuestos si es que la persona recibe un salario alto. Sin embargo en la cuenta de retiro tradicional los fondos distribuidos son sometidos a impuestos. En cambio en una cuenta de retiro Roth IRA las contribuciones a este plan no son deducibles de su ingreso. En ambos casos las contribuciones de hacen hasta el 15 de abril del año de contribución. Las distribuciones no son sujetas a impuestos cuando empiece a retirar dinero de la cuenta. En ambos planes tanto la tradicional como Roth IRA, los fondos de contribuciones no se permiten retirar hasta los 59 ½ años de edad, Si se retira los fondos una penalidad de 10% tuviera que pagar. En el caso de IRA tradicional, los fondos en esta cuenta deben ser retirados a los 70 ½ años. En cambio, en una cuenta de Roth, no es mandatario que los fondos sean retirados a esa edad.

Se aconseja que la cuenta de retiro personal Roth es la más aconsejada ya que su dinero crecería mas rápido en el futuro. Roth IRA es también conveniente desde el punto de vista que el contribuyente no tiene que retirar los fondos como sucede en el caso de la contribución original y sin tener que preocuparse de pagar impuestos. Otra característica que la cuenta de retiro Roth IRA es más conveniente que la tradicional es mandatario que los fondos sean retirados a la edad de 70 ½ años de edad. Lo fascinante de abrir una cuenta de retiro personal es que los fondos crecen gracias a que los fondos se multiplican compuestamente.

Los fondos en una IRA pueden ser invertidos en cuenta de ahorros, acciones, bonos, fondos mutuales, bienes raíces, sociedades, oro, excepto seguros de vida y algunos artículos de colección.

Es importante resaltar la diferencia entre un giro y una transferencia de fondos. Una persona puede transferir un

IRA cuando un plan es liquidado y un cheque es enviado por el administrador del plan al dueño de la cuenta. Los fondos tienen que ser revertidas antes de 60 días en otra cuenta sin preocuparse de tener que pagar impuestos. En cambio una transferencia ocurre cuando el dinero es directamente enviado de un administrador de plan a otro administrador. Hay que tomar en consideración algunas transacciones que son prohibidas en una cuenta de IRA por ejemplo pedir prestado de una de una cuenta, vender alguna propiedad dentro de un IRA, usar un IRA como garantía para un préstamo.

KEOGH PLAN

Keogh es un plan de retiro que les permite a las personas que trabajan para si mismos, acumular fondos para su retiro. Las contribuciones al plan son deducibles. Muchos de las personas que trabajaban para si mismo decidieron formar corporaciones ya que los beneficios fueron menores. Pero en 1982 se eliminaron las restricciones que prevenían de tener los mayores beneficios que los planes calificados. Este tipo de plan permite al participante pedir prestado.

ESTRATEGIAS

En los siguientes párrafos haré referencia algunas estrategias. Es muy importante tener un plan de retiro ya sea que lo auspicie el empleador o una cuenta individual.

Hay varias razones de crear un fondo de retiro, una de ellas es que los años que una persona se espera que continuara viviendo después de los 65 años de jubilación es mayor que antes. Se estima que para el año 2025 las personas jubiladas vivirán 20 años más. Los fondos del seguro social que serán distribuidos en el futuro a los jubilados parece ser incierto. Por estas razones y otras es indispensable que usted empiece a planear para su retiro. El primer paso para planear su retiro es definir las metas de la calidad de vida después del retiro. El próximo paso es medir la habilidad de cumplir las metas y finalmente, gozar la satisfacción de haber alcanzado esta meta.

Se dice que para planear un retiro gratificante hay que empezar por hacer un análisis del ingreso que se necesitará para el retiro. Se recomienda estimar los gastos durante retiro ya sea dividiendo los gastos flexibles y fijos.
Para tratar de maximizar el ingreso que usted empezaría tener cuando se retire. Usted debería contribuir lo máximo que usted pueda en el plan que ofrece su compañía o contribuir lo máximo que usted pueda a una cuenta de retiro personal.

Planea en ahorrar ahora ya sea cortando los gastos y haciendo un presupuesto que los gastos que sean realmente necesarios.

Revisar las inversiones que usted tiene en estos fondos tratando de obtener el mayor retiro para alcanzar el ingreso deseado cuando usted planee retirarse.

El próximo paso para alcanzar su independencia económica es hacer inversiones y hay muchas alternativas como por ejemplo, acciones que proveen ingresos fijos, acciones preferidas, acciones en compañías e inversiones en fondos mutuos.

CUENTA DE AHORRO PARA LA EDUCACION COVERDELL

Este tipo de cuenta era conocida como una cuenta de educación IRA, pero el nombre cambio a Coverdell. Básicamente, este tipo de cuenta es un vehículo de cuenta de ahorro para gastos universitarios. Las contribuciones son hasta de $2,000 por año. Sin embargo, si se excede en las contribuciones tendría que pagar una penalidad del 6%. Las contribuciones pueden hacerse hasta el día que tiene que presentar sus impuestos. Cuando se retiran los fondos no se paga impuestos si solamente se usan para gastos de educación. Estos gastos incluyen, matricula, libros, estadía en una institución educativa elegible las cuales incluye una universidad, escuela vocacional, cualquier escuela pública, privada o religiosa que provea educación primaria o secundaria. Se puede transferir de una cuenta a otra, pero solo los beneficiarios dentro de la misma familia. También puede ser transferida a otra cuenta de otro miembro de la familia inmediata. Los fondos que no se usen para gastos de educación tendría que pagar más una penalidad del 10%.

CAPITULO III

DIFERENTES TIPOS DE INVERSIONES

Empecemos hablando de inversiones que ofrecen un ingreso fijo. En este caso el inversionista recibirá pagos cada cierto tiempo. Los tipos mas conocidos de inversiones que intervienen en esta categoría son cuentas de ahorro, certificado de depósitos, billetes de tesoro, bonos del tesoro, bonos de obligación general, bonos de ingreso, bonos corporativos. Las cuentas de ahorro son las más conocidas y una de las formas de ahorro de las cuales la mayoría de las personas utilizan. Este tipo de inversiones esta en la categoría que ofrecen un ingreso fijo y estas ofrecen un interés. Este tipo de inversiones son las más seguras y son respaldadas por la FDIC, la cual es una institución que asegura que el inversionista reciba su ahorro, si es que la institución financiera cierra sus puertas o quiebra. El aspecto negativo de invertir en este tipo de inversiones es que el inversionista recibe un bajo retorno de su inversión.

CERTIFICADO DE DEPOSITO.

Este tipo de inversión es diseñado para aquellos inversionistas que no requieran los fondos por un tiempo determinado. Certificados de depósito son ofrecidos por los bancos especialmente. Usualmente la mínima cantidad empieza desde $500 hasta grandes sumas de dinero. Usualmente el período del depósito es de 6 meses hasta 5 años. El interés en certificado de deposito que ofrecen los bancos son mayores que los bancos ofrecen por una cuenta de ahorros.

Así mismo, la institución bancaria carga una penalidad si el ahorrista retira los fondos antes del tiempo especificado. Ciertos corredores de bolsas ofrecen certificados de depósito. El inversionista puede retirar su dinero antes de que se cumpla el plazo especificado y sin pagar penalidad, pero certificados de depósito que son ofrecidos por corredoras de bolsas ofrecen menos interés que las instituciones bancarias.

BILLETES DEL TESORO.

Son inversiones a corto plazo, las cuales duran 13, 26, 52 semanas de la fecha que fueron emitidas. Este tipo de inversiones son vendidos a descuento y la misma cantidad es de $10,000. T-Bills como son comúnmente conocidos en

Inglés son subastadas a apostar quien paga mas.

VALORES Y BONOS DEL TESORO.

Son inversiones a largo plazo. Bonos son vendidos por el valor nominal que son emitidos los vales. Los bonos del tesoro, se puede adquirir a través de cualquier banco, corredoras de bolsa, o el Banco de la Reserva Federal.

Valores son obligaciones del gobierno americano y se vencen de 1 a 10 años. Valores y bonos, pagan un interés al inversionista en forma semi anual. También bonos son inversiones a largo plazo y su vencimiento por lo general es más de 10 años desde la emisión del bono hasta que el capital sea pagado.

Valores y bonos son emitidos en denominaciones de $1,000; $5,000; $10,000; $100,000.

T- Bills, Valores y Bonos del Tesoro son considerados ser un tipo de inversión segura ya que su inversión esta asegurado en contra del incumplimiento de pago por gobierno americano.

BONO DE LA SERIE EE.

La serie EE y HH son una nueva serie de bonos. La antigua serie era la E y H. Los bonos de la serie EE se puede adquirir a través del Tesoro de los Estados Unidos.

LOS BONOS EE.

Se vencen en 11 años y se pueden adquirir a descuento. Una importante característica de bonos EE es que este inversionista no paga impuestos al estado en cualquier ganancia.

BONOS DE LA SERIE HH

Esta clase de bonos pagan al mismo interés que los bonos serie EE. Sin embargo estos se vencen en 10 años y pagan cupones en forma semi anual y este ingreso se debe reportar anualmente al IRS. La denominación mas baja es $500 y puede ser comprado solo en conjunto con los bonos serie EE.

BONOS MUNICIPALES

Estos son emitidos por las entidades municipales como por ejemplo, aeropuertos, distritos escolares, ciudades, pueblos, villas. Básicamente los intereses son exentos de impuestos tanto a nivel federal como estatal.

Hay dos categorías de bonos municipales:

1. bonos de obligación general
2. bonos de rentas.

BONOS DE OBLIGACION GENERAL

El inversionista puede comprar bonos emitidos por el Estado, los cuales son respaldados por el estado, bonos escolares que son respaldados por el distrito escolar, bonos de la ciudad, respaldados por la municipalidad.

BONOS DE RENTA

Dependen del ingreso de la unidad de gobierno que los

emiten, por ejemplo los bonos pueden servir para financiar puentes, túneles, carreteras, aeropuertos y hospitales.

BONOS CORPORATIVOS

Estos son instrumentos de deuda que a diferencia de acciones los cuales representan posesión, el inversionista en bonos corporativos deben esperar recibir de la compañía que les emiten el capital invertido más los intereses. En caso de que la compañía que emite los bonos quiebre, los inversionistas quienes hayan comprado bonos en la compañía deberían ser pagados primero que aquellos que hayan comprado acciones. Hay bonos que pueden ser asegurados y no asegurados.

El primero asegura al inversionista que la compañía la cual emite el bono pagaría el interés y el capital de alguna propiedad puesta como garantía.

La segunda solamente promete que el inversionista recibirá los intereses y el capital. Hay varios tipos de bonos que son asegurados y no asegurados.

OBLIGACIONES

Obligación es una forma de bonos corporativos. Este tipo de bonos solo prometen al inversionista recibir el interés. El capital no es garantizado que se lo regrese al inversionista.

BONOS GARANTIZADOS

Como su nombre lo indica garantizan que de cualquier manera la inversión del capital mas los intereses serán regresados.

29

BONOS HIPOTECARIOS

Es un tipo de bono asegurado por la hipoteca de una propiedad. Los bonos hipotecarios son usualmente emitidos por compañías de gas o electricidad.

BONOS CONVERTIBLES

Como su nombre lo dice son bonos que pueden convertirse en acciones. Una de las ventajas que tiene un inversionista para tomar decisiones en cuales bonos invertir es la valorización en bonos.

Dos agencias populares clasifican a bonos por el riesgo y la calidad que existen en el bono. Estas agencias son Moody y Standard & Poor. Compañías que emiten bonos de alta calidad son clasificadas como AAA.

ACCIONES PREFERIDAS

Estas pueden ser consideradas como una inversion que proveen ingresos fijos, porque el pago es estipulado como un cupón o una cantidad establecida. Los inversionistas que poseen acciones preferidas generalmente reciben un dividendo fijo cuando los directores de la compañía lo aprueban. Dividiendo a los inversionistas quienes poseen acciones preferidas reciben los dividendos primero que los que poseen acciones comunes. En caso de liquidación los accionistas preferidos tienen preferencia a cualquier activo antes que accionistas que tengan acciones comunes.

Dentro de esta categoría hay un tipo de acciones preferidas dentro de un período específico. Ciertas acciones preferidas se pueden cambiar por acciones comunes, dentro de un período específico.

ACCIONES COMUNES

Aquellos inversionistas quienes poseen acciones comunes pasan hacer accionistas o dueños de la corporación. Los inversionistas no tienen ninguna responsabilidad de pagar las deudas de la compañía. Sin embargo en caso de liquidación de la corporación los poseedores de acciones comunes son los últimos en recibir cualquier activo restante en la compañía.

CLASIFICACION DE ACCIONES COMUNES

De acuerdo a la calidad de inversión muchos de los inversionistas los clasifican como (blue chips), compañías de crecimiento, compañías que proveen al inversionista con ingreso a través de dividendos.

ACCIONES EN COMPANIAS BLUE CHIPS

Blue Chips son compañías que tienen una gran reputación por sus ganancias y dividendos. Son compañías que pueden sostenerse cuando hay épocas malas y pueden incrementar sus ganancias en épocas buenas, ya que son lo suficientemente grandes y lideres en sus industrias.

ACCIONES EN COMPANIAS DE CRECIMIENTO

Acciones en Compañías de crecimiento son aquellas que sus ganancias son mayores que el promedio de otras compañías. El precio de ganancias es alto ya que estas no pagan dividendos y usan sus ganancias para crecer.

ACCIONES EN COMPAÑIAS DE CICLO

Acciones en compañías de este tipo reaccionan de acuerdo al ciclo de los negocios y la economía. Esto significa que las ganancias de estas compañías fluctúan de acuerdo a la actividad de la economía. Por ejemplo, la industria automotriz, durante recesiones esta industria sufre de una recaída y las acciones de las compañías automotrices bajan y reducen sus dividendos. Sin embargo cuando la economía está fuerte y sólida esta industria tiende a alcanzar unos buenos retornos ya que el precio de las acciones suben.

ACCIONES DEFENSIVAS

Son acciones en compañías en las cuales el inversionista pone su dinero sin preocuparse de la economía del país o de la alza de negocios. Las industrias que reaccionan bien cuando la economía esta en recesión son compañias por ejemplo en cuidado de salud, alimentos, gas, electricidad y cosméticos.

ACCIONES EN COMPANIAS DE INGRESO

Estas compañías pagan a sus accionistas dividendos que son altos en relación a una cuenta de ahorros o CDs. Compañías como gas, electricidad, pagan a sus accionistas dividendos.

ACCIONES EN COMPANIAS DE INGRESO Y CRECIMIENTO

Acciones en compañías de ingreso y crecimiento. Este tipo

de compañías ofrecen una combinación de ingreso y crecimiento es decir que estas ofrecen dividendos y al mismo tiempo crecimiento en el precio de las acciones.

Usualmente las compañías de ingreso ofrecen un dividendo alto ni tampoco el crecimiento de ganancias crece con rapidez al contrario son estables.

ACCIONES EN COMPANIAS DE ESPECULACION

Este tipo de compañías el inversionista tiene la oportunidad de obtener una ganancia por un corto período. Por lo general este tipo de compañías representan un alto riesgo al inversionista. Algunas de las compañías de este tipo son por ejemplo biotecnología, electrónica y compañías de tecnología en general.

FONDOS MUTUALES

Los inversionistas en fondos mutuales pueden comprar y vender las acciones por su valor de activos netos. El valor se calcula diariamente. NVA es calculado cuando el valor en el mercado de todas las acciones en el portafolio de fondo mutual, substrayendo las deudas y dividiendo el resultado para el número de acciones en el portafolio.

Fondos mutuales se clasifican en dos grupos: Uno que incluye cargos y aquellos que no tienen cargos. Esto significa que aquellos fondos mutuales recargan una comisión cuando usted compra mientras que el otro tipo no tiene ningún tipo de cargo.

Ambos tipos de fondos mutuales además recargan un porcentaje de administración. Aquellos fondos recargan una cuota cuando las acciones son vendidas. Este recargo puede ser al principio, cuando los compra o al final cuando los vende. Por ejemplo, si usted compra un fondo mutual con recargo, digamos de $1,000 y tiene un recargo de 5% solo usted recibirá $950.00 así mismo si el recargo es al final de 5% será recargado cuando las acciones son vendidas. Ningún tipo de recargo se le cobra al inversionista si este compra un fondo mutual sin cargos.

RECARGOS 12

La regla permite que los compradores de fondos mutuos recarguen una tarifa del 1.25% de los activos netos. Desafortunadamente estas tarifas se aplican a todo tipo de fondo mutuo.

Fondos mutuales compran una cantidad grande de acciones en diferentes compañías e industrias.

Usualmente el manejo de estas inversiones son administradas por administradores profesionales de portafolio, así que los recargos a los inversionistas son utilizadas para cubrir los gastos de salarios para los administradores y otros gastos administrativos que representan administrar la firma.

Los fondos mutuales se los conoce también como Clase A y Clase B. La diferencia entre las dos clases es que A tiene un recargo de ventas al principio cuando las acciones son compradas. La Clase B tiene un recargo 12b-2 alto y otro recargo diferido. Si usted planea comprar un fondo mutuo la mejor alternativa es la de clase A.

CLASIFICACION DE FONDOS MUTUALES

Fondos mutuales que usan un método para evaluar las acciones conservativamente son aquellos que son recargadas.

Los fondos mutuales se clasifican de acuerdo a los objetivos del inversionista.

FONDOS MUTUALES DE CRECIMIENTO

Estos fondos mutuales se especializan en invertir en compañías de crecimiento que en compañías que proporcionan dividendos. Así que los inversionistas quienes tienen el objetivo de obtener ganancias de capital a largo plazo, estos fondos son el mejor vehículo para invertir su dinero.

FONDOS MUTUALES DE INGRESOS

Estos fondos usualmente seleccionan compañías que tengan una estabilidad y tengan una trayectoria en pagar dividendos.

FONDOS MUTUALES DE CRECIMIENTO E INGRESO

El objetivo principal de estos fondos es el de proveer al comprador de las acciones de este fondo con una combinación de ganancias capitales y que genere dividendos.

FONDOS INDEX

Estos fondos son diseñados para marcar el rendimiento del

mercado. La idea principal de estos fondos es que a largo plazo producen mejores retornos que aquellos fondos mutuales que los administradores escogen cual de las compañías harán mejor que el mercado. Como un ejemplo de un fondo Index es donde el administrador del portafolio invierte en compañías de Standard & Poor.

FONDOS DE BALANCE

El objetivo del fondo de balance es de invertir en bonos, acciones comunes y preferidas. El objetivo de este fondo es de reducir el riesgo del mercado que produce invertir solamente en compañías que inviertan solo en acciones.

Es obligación de la firma de fondos mutuales proveer con un proyecto en el cual incluye los factores de riesgo, restricciones en la inversión, rendimiento anterior información de los costos del fondo.

FACTORES DE RIESGO

La firma de fondos mutuales debe dejar saber al inversionista de los riesgos que existe al invertir. Por ejemplo, la firma de fondos mutuales debe decir en que compañías esta invirtiendo.

RENDIMIENTO PASADO

Por lo general el fondo menciona en el panfleto cual ha sido el rendimiento, en los últimos 5 a 10 años. Es importante tomar en consideración dos puntos cuando vaya a comprar fondos mutuales, que el porcentaje de gastos con relación a los activos sean bajos y también que el porcentaje de compra y venta de acciones sea así mismo bajo. Esto explicaría que el fondo es manejado eficientemente.

INFORMACION DEL FONDO

El inversionista puede encontrar información acerca de los fondos mutuales en Morningstar, Lipper, Value Line. En estas fuentes usted puede encontrar información valiosa acerca cual fondo es el correcto para alcanzar sus objetivos.

COSTOS

Es requerido que cada fondo incluya una tabla de los costos y una cantidad de los costos que representa tener el fondo en el futuro.

ESTRATEGIAS DE VENTA DE FONDOS MUTUALES.

La primera estrategia de decidir cuando vender las acciones en un fondo mutuo tiene que ver con el cambio de objetivos. Por ejemplo, el inversionista quiere ser menos riesgoso y decide cambiarse de un fondo que invierta en acciones a otro fondo más conservativo que invierte en bonos y acciones o solamente en bonos.

Quizás el motivo de vender un fondo sea el de cambiar a otro que su rendimiento no es tan bueno.

El tamaño del fondo puede contribuir a tomar la decisión de un inversionista para vender sus acciones. Si el fondo es muy grande va a ser difícil administrarlo, y quizá el rendimiento del fondo no está de acuerdo con las expectativas del inversionista. Si el administrador del fondo decide salir de la firma pudiera ser una señal que el inversionista decida vender sus acciones ya que será difícil si el nuevo administrador alcance los resultados esperados.

IMPUESTOS Y FONDOS MUTUALES

Los fondos mutuales envían una forma 1099 DIV lo cual detalla las ganancias capitales, dividendos, intereses que el inversionista debe hacer la declaración de los impuestos. Las ganancias capitales y dividendos suelen ser declarados aunque estos sean reinvertidos en el fondo.

BONOS CHATARRA

Estos bonos son bonos corporativos los cuales son clasificados por debajo de Baa grado por Moodys o BBB por el S&P. Se los denomina Junk ya que el precio de estos bonos baja significativamente. Este tipo de bonos son considerados de alto riesgo. El inversionista no debería confundir este tipo de bonos con bonos que venden o descuento, principalmente estos bonos chatarra tienen un cupón bajo.

BONOS DE CONVERSION

Básicamente estos bonos pueden ser cambiados por acciones en la corporación. Así los bonos pueden ser cambiados por acciones. Esto representa una opción al inversionista quien quiera protegerse cuando los precios de acciones sufren una baja. Estos representan una obligación de parte de la corporación a hacer pagos en forma de intereses.

BONOS DE CUPONES CERO

Estos bonos no ofrecen pagos de intereses. En vez estos

son vendidos a descuentos de su valor original. El retorno en la inversión es calculado sumando el precio más el porcentaje de interés. Estos bonos pagan intereses en forma semi anual. El inversionista es requerido pagar impuestos en los pagos de intereses anualmente.

VENDER CORTO

En esta transacción el inversionista primero vende las acciones, esperando que el precio de acciones haya bajado, y luego las compra cuando el precio de las acciones esta bajas. En este tipo de transacción el inversionista pide prestado las acciones de la corredora de bolsa. Luego de un período de tiempo el inversionista compra las acciones para cubrir la venta. Así que el inversionista obtiene una ganancia o pérdida dependiendo de la compra y venta de las acciones.

ACTIVOS TANGIBLES

BIENES RAICES

Este tipo de inversión ofrece al inversionista la oportunidad de obtener una ganancia cuando la propiedad haya subido de valor. Sin embargo este tipo de inversión representa un riesgo de liquidez ya que cuando el inversionista no pudiera vender al momento que el inversionista necesita el dinero.

TIPOS DE INVERSIONES EN BIENES RAICES

Hay diferentes tipos de inversiones como terrenos, lotes residenciales, propiedades residenciales, propiedades que producen ingresos, REITS.

El principal motivo de invertir en el primer tipo de bienes raíces es de comprar, ejemplo, lotes residenciales como el motivo de construir y esperar que la propiedad construida provea algún tipo de ingreso y que con el tiempo la propiedad suba en valor y se lo pueda vender obteniendo una ganancia.

El segundo tipo de inversión es el sueño de toda persona, poseer una casa o condominio. Poseer una casa tiene ventajas:

La primera ventaja es el interés que se paga de la hipoteca son deducibles de los impuestos. La segunda es que si el dueño de la casa, no pagaría impuesto sobre la venta de la casa hasta $250,000 si es soltero, para aquellos que son casados es $500,000. Sin embargo la casa tiene que ser su residencia principal. Además debe vivir en la residencia por lo menos 2 años a 5 años.

Si la venta de la residencia termina en una pérdida no deducción es permitida.

Hay ciertos riegos en invertir en propiedades, uno de los riesgos es el alto costo de las propiedades residenciales y de hecho se hace difícil adquirirla.

Otro de los riesgos asociado con este tipo de inversión es que después de un elevado incremento en el precio de la propiedad el precio de las mismas disminuya en la misma proporción o quizás más del valor de la propiedad. Otro de los riegos es liquidez, cuando el vendedor de la propiedad no encuentra un comprador que éste dispuesto a pagar la cantidad. Otro de los riesgos es el incremento de los impuestos a la propiedad.

PROPIEDADES QUE PRODUCEN INGRESOS

Residenciales como casas, apartamentos, condominios, ofrecen al inversionista la posibilidad de generar una utilidad. La utilidad puede venir de la renta o de residenciales que estén en deterioro y remoderarlas para luego venderlas a utilidad.

Propiedades comerciales son diseñadas para uso exclusivo de negocios. Estas propiedades pueden ser edificios de oficinas, centros médicos, y demás que pueden generar utilidad. Sin embargo estos tipos de propiedades corren el riesgo de desocupación más que las propiedades residenciales. También los gastos asociados a mantener estas propiedades hacen que el riesgo sea mayor.

Cuando las propiedades residenciales y comerciales son utilizadas para generar ingresos rentables, todos los gastos asociados con este tipo de propiedades son deducibles de impuestos y si los gastos son mayores que los ingresos las pérdidas pueden servir como deducción de su ingreso regular. El ingreso y pérdidas se clasifican en ingresos y pérdidas pasivas. Las pérdidas pasivas pueden ser únicamente deducibles de ingresos ajustables debajo de $100,000; el inversionista puede deducir las pérdidas pasivas de cualquier ingreso hasta $25,000.

REITS

Estas son instituciones que invierten en bienes raíces y son exentas de pagar impuestos, si tienen 75% de activos en bienes y raíces, hipotecas, acciones de gobiernos, efectivos, y el 70% de ingreso, tienen de devengar de los bienes y raíces y no reciben más de 30% del ingreso del incremento del valor de la propiedad.

Tercero, distribuye 90% del ingreso a sus accionistas. Hay dos tipos de REITS, hipotecaria y de capital.

ORO

Hay varios métodos de invertir en oro; por ejemplo, barras en oro, monedas de oro, certificados en oro, fondos mutuales, acciones en compañías que exploten oro. Este tipo de inversiones no son líquidos y no generan ingresos solamente suben en valor. Las barras y las monedas de oro pueden ser adquiridas en bancos, o corredoras de bolsa.

Certificados en oro son especialmente para aquellas personas que están interesadas en comprar pequeñas cantidades. Aquellos inversionistas quienes les gusta tomar riesgos pueden comprar acciones en fondos mutuales. Se puedan adquirir a través de bancos y corredores de bolsa. Las ventajas es que las acciones suben de valor cuando el precio del oro sube. Las principales desventajas de que cuando el precio de oro baja las acciones en los fondos mutuales pierden valor. El mejor momento de invertir en este tipo de inversión es cuando la economía atraviesa en una recesión.

INDICADORES DE LA BOLSA DE VALORES.

Es importante mencionar los indicadores de mercado porque el inversionista debe comprar con los índices. Los indicadores de mercado son los siguientes:

1.   EL PROMEDIO INDUSTRIAL DEL DOW JONES

El Dow empezó en 1884 y está conformado por 30 compañías, los cuales son las mas grandes y estables. Cuando el Dow Jones sube significa que el inversionista tiene la confianza en estas compañías establecidas y que además pagan dividendos.

2. INDICADOR STANDARD & POOR 500

Este indicador está compuesto por 500 compañías más grandes en diversas industrias y muchos de los profesionales lo usan como una forma mas precisa para medir la actividad del mercado.

3. INDICADOR STANDARD & POOR DE MEDIANA CAPITALIZACION 400.

La capitalización de las compañías que conforman el S&P 400 son entre 300 millones y 3 billones y sirve como indicador para aquellos fondos mutuales que inviertan en compañías de capitalización mediana.

4. INDICATOR STANDARD & POOR DE BAJA CAPITALIZACION 600.

Este indicador mide el rendimiento de aquellos fondos mutuos que invierten en compañías de capitalización pequeña. Es decir menos de 300 millones.

5. INDICADOR RUSSELL 3,000.

Lo conforman 3,000 compañías de las compañías más grandes. La capitalización de estas compañías oscila por los 174 billones.

6. INDICADOR RUSELL 1,000.

La conforman 1,000 de las compañías más grandes compañías. El promedio de capitalización es de 46 billones.

7. INDICADOR RUSSELL 2,000.

A diferencia con los anteriores indicadores es que las compañías son de pequeña capitalización. El promedio de capitalización es $288 millones.

8. INDICADOR MORGAN STANLEY

Capitalización Internacional en Europa, Asia y el Medio Oriente. Este indicador sigue compañías fuera de los Estados Unidos. Japón conforma el 50%. El EAFE sirve como indicador para aquellos fondos mutuales que invierten en compañías extranjeras.

INVERSIONES.

Hacer inversiones significa que el inversionista invierte una cierta cantidad de dinero hoy, con la esperanza de recibir una cantidad mayor en el futuro.

Es importante diferenciar entre una inversión y especulación. Especuladores relativamente esperan recibir un retorno en un corto período de tiempo. A diferencia del inversionista espera recibir un retorno a largo plazo.

Especuladores actúan de acuerdo a información disponible para comprar o vender, mientras que el inversionista utiliza análisis financiero para tomar decisiones, que inversión le daría un mayor retorno.

TIPOS DE RIESGO.

Es importante entender los diferentes tipos de riesgos asociados con inversiones en acciones y bonos.

Al invertir en bonos el inversionista tiene que tomar en cuenta varios tipos de riesgos como:

El primer riesgo tiene que ver con el interés. Para hacerlo simple de entender, si los intereses suben el precio de los bonos bajan, lo contrario ocurre cuando los intereses bajan el precio de los bonos suben. Mientras más largo tiempo el bono es mantenido, la caída del precio del bono sería mucho más estrepitosa.

El segundo riesgo tiene que ver con el riesgo de inflación, esto significa que cuando la inflación es alta, se reduce el retorno de la inversión.

El tercer riesgo que el inversionista corre al invertir en bonos, tiene que ver con el tiempo de inversión. El mayor tiempo un inversionista tiene el bono mayor es el riesgo. Sin embargo el pago que recibe el inversionista es mayor que aquel que invierte en bonos a corto plazo. Los bonos a corto plazo son menos volátiles y el riesgo de la caída del precio del bono es mínimo comparado con el bono a largo plazo.

El cuarto riesgo tiene que ver con el riesgo de la calidad de la compañía que emite el bono. La calidad de crédito de la compañía influye en el alto o bajo porcentaje que ofrece. Si la calidad de crédito de la compañía cual emite el bono es alta, la ventaja de que la compañía pueda pagar a sus inversionistas es mayor.

Sin embargo aquellas compañías que no tienen un buen crédito, ofrecen un interés alto pero estas compañías corren el riesgo de no cumplir con los pagos a los inversionistas. Es importante mencionar que cuando la condición económica de la compañía mejora, el interés baja.

Por último mencionaremos el riesgo de liquidez. El riesgo de liquidez tiene que ver si el inversionista puede convertir el bono en efectivo. Esto tiene que ver con la calidad de la compañía que lo emite. Si una compañía tiene una alta calidad financiera, el inversionista tiene la mejor posibilidad de liquidar sus inversiones más rápido.

ESTRATEGIAS PARA REDUCIR RIESGO EN BONOS.

Una de las estrategias de invertir en bonos y reducir el riesgo que representan es que el inversionista compre bonos que tengan diferente tiempo de madurez. El inversionista debería comprar bonos que maduren dentro de 10 años. Otra estrategia es invertir en bonos en compañías internacionales como regla general solo el 10 y 15% del total del porcentaje que invierte en bonos debería ser colocado en bonos internacionales. Una buena estrategia para diversificar el riesgo que represente invertir en bonos es invertir en bonos que son exentos de impuestos y representa una gran estrategia para aquellos inversionistas que pagan alto porcentaje en impuestos.

RIESGOS EN ACCIONES.

Hay dos tipos de riegos. El primero tiene que ver con el factor de diversificación y el otro tiene que ver con la falta de diversificación. El riesgo de no diversificar es asociado con el riesgo de la economía y el mercado. En otras palabras el riesgo con la economía es cuando el crecimiento económico aumenta pero lentamente y el precio de las acciones bajan. Por ejemplo cuando la economía cae en una recesión el precio de las acciones en compañías de crecimiento y compañías cíclicas bajan. El riesgo con el mercado se refiere a riesgos asociados con políticas nuevas, cambios en la ley de impuestos, sicología del inversionista.

Por el contrario, el riesgo de diversificación se refiere a la variación del retorno de la acción que tiene que ver con eventos exclusivamente que ocurren dentro de la compañía o la industria. Cuando el inversionista adquiere acciones en una sola compañía el riesgo es mayor que invertir en varias compañías. La manera eficaz de reducir riesgo es invertir en varias compañías.

MANERAS DE MEDIR RIESGO

Las técnicas de medir riesgo son diferentes en bonos y acciones o fondos mutuales. En esta sección discutiré las técnicas de medir el riesgo al invertir en acciones y fondos mutuos. Antes de invertir el inversionista debería tomar en consideración los retornos que el fondo mutuo ha tenido durante varios años, lo recomendable es 10 años. Luego de mirar el retorno de un fondo mutuo. El inversionista debería considerar una medida de riesgo de un fondo mutuo calculando la variación Standard. Específicamente este mide la variación del fondo. Morningstar publica la desviación Standard de un fondo mutuo. Por ejemplo, el promedio de retorno de un fondo mutuo es 12% y la desviación Standard es 2%, esto significa que el retorno en este fondo mutuo sería entre 8% y 16%, 95% del retorno en el fondo mutuo bajaría entre 8% y 16%.

La otra técnica de medir riesgo es llamado BETA. BETA mide la variación comparado con el retorno del mercado. Un bajo BETA significa que la variación del retorno en acciones de una compañía o fondo mutuo es menor que el retorno de un índice. Por ejemplo, el índice es S&P 500 tiene un BETA de 1. Si una compañía o fondo mutuo es 1, la compañía o fondo mutuo tendrá una variación de 1 comparando con el mercado. Si el inversionista invierte en un fondo mutuo que tiene una variación mayor que el mercado, el retorno siempre será mayor que el S&P 500. BETA es una buena medida de volatilidad solo si hay una fuerte correlación entre el retorno del fondo y el movimiento del mercado.

ANALISIS FUNDAMENTAL

Este método examina las condiciones económicas como el crecimiento financiero de la compañía. Los intereses y otros factores fundamentales como análisis de la industria, y el análisis de los estados financieros. De esta manera el analista financiero compara y determina si el precio de la acción está devaluado y ofrece una oportunidad atractiva.

PREDICCION DE GANANCIAS

Es un factor determinante para calcular si el precio de una acción ofrece una gran oportunidad. La ganancia de una compañía depende de las condiciones económicas. El

48

porcentaje de dividendos tiene que ver con las condiciones de la economía. Esto significa que si el porcentaje de dividendos es menos 3% el crecimiento de la economía no esta creciendo como debería y nos indica el final de un mercado de valor esta en crecimiento.

El crecimiento del producto bruto de la nación significa que la nación está en una situación económica saludable y por ende las ganancias de compañías crecen lo cual es una señal positiva para el mercado de valores.

RADIO P/E. Este modelo ayuda al inversionista a evaluar el precio de una acción. El propósito de medir las ganancias sobre el precio ayuda a determinar si la acción está devaluada y entonces el radio P/E es la cantidad de dinero el inversionista está dispuesto a pagar por cada dólar de las ganancias de la compañía.

Por ejemplo si el precio de la acción es 20 y las ganancias del próximo año se espera que sean $2, el radio de P/E es 10, el radio P/E normal del S&P es 13 a 15 cuando el mercado esta en alza, mientras que 8 a 10 cuando el mercado esta a la baja.

En octubre 19 de 1987 el P/E radio fue de 21. Ese lunes el mercado sufrió una de las mayores correcciones en su historia. Para el otoño de 1988 el P/E radio fue alrededor de 10. Si P/E de una compañía es mas bajo que el de S&P significa que la acción es devaluada y hay una grande posibilidad de que el precio de la compañía suba.

MODELO DE ASIGNACION DE ACTIVOS.

El modelo de asignación permite al inversionista diversificar sus inversiones, permitiéndole reducir el riesgo. Formando un portafolio bien diversificado en el cual pueden ser incluidos acciones, fondos mutuos, bonos e instrumentos del tesoro, asegura al inversionista reducir el riesgo que el portafolio sufra una gran baja que al invertir en una sola compañía. La idea es que cuando el precio de acciones suben el precio del bono baja y viceversa. Entonces si se diversifica apropiadamente, se puede evitar el riesgo de que el precio de la acciones bajen.

Cuatro pasos para construir un modelo de activos.

El primer paso es determinar el tipo de portafolio que iguale el nivel de riesgo el inversionista tenga y así ayudar al inversionista alcanzar el objetivo. Portafolios de activos pueden ser agresivos en crecimiento, crecimiento e ingreso, balance, y de ingreso fijo. Mientras más agresivo es el portafolio mayor es el riesgo y por supuesto mayor es el retorno.

El segundo paso es analizar el mercado y las condiciones económicas. Este análisis ayudará a determinar el porcentaje de asignación que tendrá el portafolio en acciones, bonos y efectivo. El próximo paso será seleccionar el tipo de inversión en cada clase de activo. Por ejemplo en la clase acciones se puede seleccionar acciones en compañías internacionales de capitalización grandes y pequeñas, compañías domésticas de capitalización grande y pequeñas, acciones en compañías de crecimiento, acciones en compañías de crecimiento y conservativas.

Por ejemplo en la clase de ingreso fijo se puede incluir en el portafolio bonos de gobierno y corporativas de largo, mediano y corto plazo, bonos internacionales y bonos municipales. El paso final incluye la selección de los mejores fondos mutuales o acciones que concuerdan con la selección anteriormente dicha.

Hay tres tipos de portafolios: conservativos, moderados y agresivos.

Estos tipos de portafolios tienen que ver con las condiciones del mercado. Por ejemplo cuando el mercado se encuentra en una condición adversa se dice que los intereses incrementan y los índices sufre una baja por un período de 12 meses o más. Entonces un portafolio conservativo significa que el retorno y el riesgo son mínimos. Lo contrario ocurre con portafolios agresivos. De esta manera la apropiada asignación de activos reduce el riesgo en un portafolio y pueda alcanzar un retorno aceptable.

Por ejemplo a personas que tiene 25 años de edad y planea comprar una casa en un corto período de tiempo la mayor parte del portafolio debería estar compuesto de certificados de depósito, bonos del tesoro, etc, mientras un mínimo porcentaje debería estar compuesto de acciones y bonos. Sin embargo, una persona quien tenga planeado acumular fondos para su retiro debería tener un portafolio agresivo que tenga gran porcentaje en acciones y bonos y un mínimo porcentaje en efectivo.

El inversionista debe tomar en cuenta las condiciones económicas del país para hacer inversiones. Hay diferentes ciclos en la economía de un país, por ejemplo, depresión, recuperación, prosperidad, recesión y depresión.

En términos generales, en un período de recuperación, invertir en acciones en compañías de crecimiento es la mejor alternativa, hasta que la economía alcance su tope. Luego la estrategia es vender acciones en compañías de crecimiento y tener efectivo. Por el contrario cuando la economía cae en una recesión, los intereses bajan y la mejor alternativa es invertir en bonos ya que cuando los intereses bajan el precio de bonos suben.

Durante períodos de inflación es recomendable invertir en oro, se debería mencionar que durante un período de inflación la economía esta en recuperación y alcanzando el tope del ciclo. Los intereses juegan un papel primordial en la economía del país y así afecta los ciclos de una economía. Los intereses son altos cuando la economía alcanza el tope del ciclo y por consiguiente los bonos es la mejor alternativa de inversión. Los intereses son bajos cuando la economía se encuentra en una recesión y en este caso la mejor alternativa es invertir en acciones.

La demanda de dinero es otro aspecto que la persona tiene que tomar en consideración para invertir. Cuando la demanda de dinero crece rápidamente, los intereses bajan y la economía aumenta, las utilidades de las compañías hacen lo mismo y por ende el precio de las acciones también suben. Lo contrario ocurre cuando la demanda de dinero disminuye, los intereses empiezan a subir, la economía baja lo cual afecta las utilidades de las compañías y por consiguiente el precio de las acciones. Pero como lo mencionamos anteriormente bonos es la mejor inversión cuando la demanda de dinero disminuye.

Para entender lo que puede afectar sus inversiones es necesario indicar que el dólar tiene mucho que ver con sus inversiones.

Si el dólar es fuerte comparado con otras monedas, los artículos hechos en los Estados Unidos son más caros y las compañías que exportan se les hace difícil enviar a otros países porque es más costoso para las compañías extranjeras comprar artículos hechos en los Estados Unidos. Si el dólar sufre una fuerte inflación es probable que suba, al igual que los intereses.

ESTRATEGIAS DE INVERSION.

Cinco son los pasos que se requiere para empezar a planear su inversión, así:

1. Identificar sus metas.
2. Determinar el nivel de riesgo a tomar
3. Identificar las preferencias de inversión
4. Analizar su portafolio de inversiones
5. Reorganizar su portafolio de inversión.

Las metas dependen de la etapa en el ciclo de vida del inversionista. Estas etapas se pueden clasificar en acumulación, crecimiento y preservar. Durante la etapa de acumulación el individuo tiene que preocuparse por la protección de la familia en caso de muerte o ahorros para la educación de sus hijos, acumular ciertos activos como una casa y construir reservas y fondos de emergencia en caso de gastos inesperados. Estas metas requieren inversiones no tan riesgosas con un modesto retorno. Durante la etapa de crecimiento el individuo pasa de ser conservativo a tomar más riesgoso. En esta etapa el inversionista puede construir un portafolio con más riesgos. Durante la etapa de preservación el inversionista busca elaborar un portafolio con menos riesgos y busca invertir en instrumentos que le den ingresos fijos. Las metas también dependen de los objetivos de inversión. Los objetivos pueden ser de liquidez, ingreso actual y crecimiento de inversión. El componente esencial en un portafolio de inversión es el porcentaje de reservas en efectivo. La necesidad de estos fondos puede ser en tres categorías.

Fondos de operación
Fondos de emergencia
Fondos para invertir cuando se presente una oportunidad.

Hay dos consideraciones para determinar la necesidad de ingreso. La primera consideración es determinar cuales son todas las fuentes de ingreso, y comparar con las necesidades.

La diferencia entre el egreso y el ingreso debe generar nuevas inversiones. La segunda consideración que se debe tomar en cuenta es que si la persona invierte en acciones que le generen ingresos en vez de invertir en acciones de compañía en crecimiento menos habrá la oportunidad que el portafolio del inversionista crezca.

Otro objetivo que el inversionista busca es maximizar el crecimiento del portafolio. Se debería tomar varias consideraciones antes de escoger que tipo de inversión hacer. Por ejemplo el inversionista debería considerar el retorno deseado, nivel de riesgo, el ingreso futuro y el tiempo.

El tercer elemento con el proceso para alcanzar la meta deseada es diversificar y distribuir los activos. Este elemento tiene que ver con el adagio que dice: que el inversionista no debería poner todos los huevos en una canasta. De otra forma de alcanzar esta meta es comprar inversiones en diferentes tipos como acciones, bonos y efectivo.

Otro objetivo que el inversionista debería tomar en consideración son los impuestos. Por ejemplo un inversionista que tiene una gran cantidad de dinero acumulado debería invertir en inversiones que no paguen impuestos una de ellas es invertir en bonos municipales ya que estos no requiere pagar impuestos. Generalmente cuando el inversionista vende acciones sobre la ganancia se requiere pagar impuestos.

Otro elemento que se debe tomar en cuenta es el tiempo que el inversionista tiene proyectado alcanzar su meta. Estas metas pueden ser a corto, mediano y largo plazo. A corto plazo el inversionista debería tomar en consideración inversiones de no tan riesgo mientras que metas a largo plazo, el inversionista debería tomar más riesgo.

Otro elemento para alcanzar su meta es tomar en consideración el retorno en la inversión. Invertir en acciones en compañías de capitalización pequeña, alcanzan los mayores retornos. Cabe mencionar que la inversión en estas compañías tiene un riesgo mayor y por ende el inversionista debería invertir a largo plazo.

Una vez que el inversionista ha identificado las preferencias de inversión el siguiente paso es analizar sus inversiones. Es decir verificar que las inversiones hechas estén logrando las metas a alcanzar. Si el inversionista no esta satisfecho con las inversiones hechas, este debería tratar de reorganizar su portafolio. Entonces el inversionista debería reestructurar sus inversiones tomando en cuenta diversificación, metas, nivel de riesgo y las necesidades que el inversionista tenga.

Una vez que el inversionista haya planeado el proceso de inversión, el inversionista debería analizar las estrategias que son la compra, tenencia y venta de acciones en el portafolio. La mejor estrategia de cuando comprar acciones es cuando las acciones estén devaluadas. La importante variable es el análisis y proyección de ganancias futuras. Para esto el inversionista deberá construir un portafolio de compañías. Este portafolio es la base para el análisis de P/E radio, el porcentaje de dividendo, el crecimiento de ganancias futuras y el análisis de apreciación del precio.

La posición de la compañía en determinada industria, las condiciones económicas, y el nivel de riesgo ayudaría al inversionista a determinar el valor de las acciones.

El paso final en el proceso analítico es seleccionar la compañía cuyo valor presente exceda el precio de la acción en el mercado. Entonces la estrategia fundamental es comprar acciones y compañías que fundamentalmente y técnicamente estén fuertes. Cuando se trata de comprar bonos como regla general es aconsejable comprar un bono devaluado. Varios factores deberían ser tomados en cuenta.

Uno de ellos es el porcentaje del bono. Cuando el porcentaje de bono es alto el precio es bajo. Cuando el mercado de acciones está alto el mercado de bonos baja y viceversa.

Cuando la Reserva Federal corta la demanda de dinero, los

intereses tienden a subir consecuentemente el precio de bonos bajan y el porcentaje en bonos suben. Cuando los intereses a corto plazo bajan, los inversionistas empiezan a invertir en bonos a largo plazo. Los ratings en bonos es importante para comprar bonos. Usualmente los ratings van desde AAA y son los bonos más seguros a D y estos son considerados bonos de especulación.

Las estrategias básicas de vender acciones en una compañía es cuando el precio de la acción está sobre evaluada. La otra estrategia es cuando la meta de vender la acción es disponible. Por ejemplo si el inversionista compra acciones en una compañía que vende por $25 en el mercado, comparado con el valor del libro es $40. Esto quiere decir que la compañía está vendiendo con el descuento del 85% del valor del libro. Entonces si el precio de la acción alcanza el precio de $34 es decir el 85% de $40, el inversionista debería considerar vender las acciones.

Otra razón para vender acciones en una compañía es cuando las condiciones de la compañía cambian. Por ejemplo, si el producto de una compañía no tiene el éxito deseado, el inversionista debería vender las acciones. Si el precio de las acciones sube espectacularmente en un poco tiempo, el inversionista debería vender.

Otra estrategia para vender las acciones en una compañía sería cuando las pérdidas del precio de las acciones son exorbitantes. Por ejemplo si el precio de una acción pierde su valor unos 75%, el precio de la acción debería subir un 300% para recuperar la pérdida.

Hay otra manera de reducir el riesgo en la compra acciones o fondos mutuales. Esta manera de reducir el riesgo es invertir una cierta cantidad a intervalos regulares. Esta opción le permite reducir el riesgo de fluctuaciones del mercado a largo plazo. Así el inversionista compra mas acciones cuando el precio esta bajo y pocas acciones cuando el precio esta alto.

Así mismo el inversionista evita la fluctuación de precios de acciones, cuando el mercado esta volátil. Esta estrategia le permite al inversionista comprar acciones ya sea en un fondo mutuo o en acciones en compañías individuales.

SIETE REGLAS PARA CONSTRUIR UN PORTAFOLIO EN UN FONDO MUTUAL.

1.   Seleccionar fondos mutuales cuyo retorno es igual o mejor que el índice al cual se compara. Por ejemplo un fondo mutual que invierte en compañías de capitalización grande debería su retorno ser igual o mejor que el índice S&P 500.

2.   Seleccionar un fondo mutual el cual no ha tenido una baja, cuando el mercado general ha bajado. Por ejemplo el inversionista debería determinar cual fue el retorno del fondo durante enero de 1973 a diciembre 1974; Agosto 1987- Octubre 1987; Julio 1990 a Octubre 1990; Febrero 1994 – Abril 1994. Si el fondo mutual tuvo un rendimiento no tan bueno, el inversionista no debería invertir en este fondo.

3.   Averiguar quien es el administrador del fondo. Es importante saber cuanto tiempo el administrador ha estado con el fondo mutual, la filosofía de inversión, sus credenciales ya que el cambio de administrador en el fondo mutual puede afectar el retorno del fondo mutuo.

4. Evitar adquirir fondos que tenga la misma filosofía.

5. Invertir fondos mutuales que sirvan para alcanzar sus objetivos o metas. Evite tener demasiados fondos para invertir para su retiro. Limite el número de fondos para cada meta.

6. Revisar fondos mutuales que inviertan en compañías de países del tercer mundo. Estos fondos usualmente generan magníficos retornos pero también invertir en estos, pueden resultar en un riesgo así que si un inversionista está cerca de alcanzar su retiro no debería invertir más de 5% o 10% del portafolio.

7. La última regla tiene que ver con diversificación, construir un portafolio que conste de acciones, bonos, dinero y efectivo.

ALCANZAR UN BALANCE EN SU PORTAFOLIO.

Esto simple significa que periódicamente debería mover su dinero a varias clases de activos para mantener un portafolio diversificado. Esta estrategia no solo protege al inversionista del riesgo en el mercado, pero también mejorar el rendimiento del portafolio. Alcanzar un balance forzará a mover dinero de una clase que ha tenido ganancias a otra clase que no ha tenido ganancias. Por ejemplo si las acciones no han tenido un buen rendimiento, fondos deberían ser movidos a bonos. Esta estrategia sería apropiada para cuentas individuales de retiro ya que las ganancias en la venta de acciones a bonos no se paga impuestos.

FONDOS INDEX

Al principio inversionistas escogían sus propias acciones y mantenían por largo tiempo. Entonces aparecieron los fondos mutuales y los inversionistas preferían escoger un fondo mutual para que el administrador haga el trabajo por ellos.

Luego los inversionistas empezaron a invertir en fondo mutuos ya que el propósito era igual, el rendimiento del mercado. Estos fondos mutuos se los conocen como fondos Index. Fondos Index simplemente compran acciones en compañías que conforman el S & P 500. Algunos aseguran que en fondos Index es mayor que invertir en un fondo mutual, el cual es activamente administrado. A las ventajas de invertir en este tipo de fondos, son los siguientes:

La primera ventaja es que las ganancias capitales son mínimas ya que a diferencia de los otros fondos, esto fondos compran acciones y las mantienen por largos períodos de tiempo. Así que no hay frecuentes venta y compra de acciones por consiguiente no hay muchas ganancias capitales.

A largo plazo se dice que los fondos Index tienen mejor rendimiento. Además esta opción es la mas conservadora ya que muchas de las compañías que conforman el S&P 500 son las mas grandes y respetadas.

PLANEANDO SU INDEPENDENCIA FINANCIERA.

Muchas de las personas aspiran retirarse a temprana edad y no retirarse a la edad normal de retiro la cual es 65 años de edad. Últimamente la edad de retiro es 67 años. La principal preocupación de una persona es si ésta va a ser capaz de mantenerse en los años dorados de su vida. El valor del dólar disminuye con el pasar del tiempo. Así que la mejor estrategia es poner su dinero donde pueda crecer significativamente. Hay dos inversiones que van ha crecer significativamente: bienes raíces y acciones. Invertir en estos dos tipos de inversiones a largo plazo son las mejores oportunidades que su dinero crezca.

Seis son las clases para alcanzar el éxito y sus metas.

PRIMERA CLAVE: Una de las claves es ahorrar lo que mas pueda. Todos disfrutan en gastar su dinero en restaurantes, ropa, artículos para el hogar, carros. Las personas deberían controlar sus impulsos y empezar a ahorrar.

SEGUNDA CLAVE: Es construir un fondo de emergencia. La persona debería tener ahorrado 6 meses de gastos que puedan ser fácilmente retirados cuando sea necesario, pero es difícil para una persona alcanzar esa meta. Como regla general una persona debería mantener por lo menos un mes de gastos en el banco. Inversiones a largo plazo pueden ser usados como parte de reserva. Así que cuando se necesite dinero extra, la inversión puede ser usada como colateral para conseguir préstamos a bajos porcentajes.

TERCERA CLAVE: Empiece a ahorrar temprano. Mientras más temprano usted empieza mayor fondos usted podrá acumular. Por ejemplo si empieza a ahorrar $2,000 anualmente a la edad de 20 años y tener un retorno de 8% a los 65 años tendría $834,852. Mientras que si usted empieza a ahorrar a la edad de 30 años usted acumularía solo $372,204.

CUARTA CLAVE: Es clave ahorrar por lo menos 10% de su ingreso. Sin embargo si usted puede ahorrar, más que el 10% mucho, más beneficio alcanzará a largo plazo.

QUINTA CLAVE: Tratar de invertir en acciones y fondos mutuos los cuales generen mayores retornos. Si tomamos en cuenta el ejemplo anterior y cambiamos el porcentaje de retorno del 8% al 10%, la diferencia es grande. Usted acumularía la cantidad de $1,581,591.

SEXTA CLAVE: Es si usted no se siente confidente de vender y comprar acciones o bonos. La mejor opción es buscar un fondo mutual que llene sus expectativas.

CAPITULO IV

PLANEAR COMO PROTEJER SU FAMILIA

SEGURO DE VIDA. ESTRATEGIAS

El objetivo primordial de comprar un seguro de vida es cubrir con los gastos que para alguien que perdido su ingreso, por diferentes motivos como la muerte. Estas obligaciones incluyen el tener que pagar las deudas, hipotecas, proveer fondos para educación, gastos funerales, entre otros.

OBJETIVOS.

El primer objetivo es determinar por cuanto se debería comprar la póliza. Este depende cuanto ingreso se necesita para asegurar el deseado standard de vida y para cumplir con otras obligaciones financieras.

El segundo objetivo es utilizar el seguro de vida en forma de ahorro. Un seguro de vida provee con la oportunidad de ahorrar a largo plazo. Antes de comprar un seguro de vida como una forma de inversión, el retorno se debería comprar con otro tipo de inversiones. El retorno se debería comparar con retornos después de impuestos ya que las inversiones en una póliza de seguro de vida crece libre de impuestos es decir que los impuestos son diferidos.

Es importante discutir 5 formas de riesgo. Evitar riesgo, retener riesgo, reducir riesgo, compartir riesgo y transferir riesgo.

EVITAR RIESGO. Un doctor tiene la opción de evitar el riesgo de ser enjuiciado por mala practica médica.

RETENER RIESGO.- Un individuo puede decidir no comprar un seguro de vida voluntariamente porque su independencia económica le permitiría vivir adecuadamente a su familia. Un ejemplo de retención de riesgo, sería que el individuo compre una póliza que cubra en caso de terremoto o inundación.

REDUCIR RIESGO.- Ya sea instalar detectores de humo, o alarmas.

COMPARTIR RIESGO.- Es participar en un seguro de autos y así que el individuo asume el grado de riesgo que es fácilmente manejable.

TRANSFERIR RIESGO.- Es transferir completamente el riesgo a una tercera persona. El tipo más común de transferir riesgo es comprar un seguro.

TIPOS DE SEGUROS DE VIDA

SEGURO DE TIEMPO TEMPORAL

Este tipo de póliza es la que es válida por un tiempo específico, ya sea este de uno a 20 años, pero no puede extenderse hasta la edad de 100 años. Si la póliza es renovada el individuo pagaría una mayor cuota. Estas pólizas pueden ser compradas en bloques de $1,000 o más y un examen médico es requerido. Las cuotas de este tipo de seguros son bajas cuando la persona es joven, pero las cuotas incrementan cuando las personas son mayores de edad. A la edad de 70 años las cuotas llegan a costar mucho. Comprar un seguro de vida de este tipo provee protección financiera como resultado de muerte. Esto quiere decir que la persona asegurada debe estar muerta para que la persona beneficiada reciba el beneficio de muerte. De otra manera si la persona asegurada sobrevive al período de tiempo que dura el seguro, la póliza expira sin ningún valor.

Este tipo de seguros proveen solo protección y no acumulan ahorro. Este tipo de pólizas son apropiadas para familias jóvenes con bajos niveles de ingresos. Por una baja cuota la compañía de seguros le garantizará pagarle una cantidad específica en un solo pago o en forma mensual.

TRES CLASES DE SEGURO DE TIEMPO.

La primera clase es seguro de tiempo anual, como su nombre lo dice el período de tiempo es solo un año. Esta clase de seguros son convenientes, si el individuo decide renovar la póliza cada año sin tener que hacerse un nuevo examen médico. Las cuotas en este tipo de pólizas se incrementan con la edad. Esta clase de seguro es popular entre gente joven porque reciben protección a un costo bajo.

La segunda clase es el seguro de nivel de tiempo. En esta clase las cuotas y la protección permanecen fijas por el tiempo de la póliza la cual puede ser 10, 20 o 30 años. Generalmente esta clase de póliza termina a los 65 años de edad ya que la probabilidad de muerte es alta.

La tercera clase es un seguro de tiempo de decrecimiento. Esta póliza requiere el pago de las cuotas durante el tiempo de la póliza, pero el valor de la póliza disminuye a cero cuando el período de la póliza expira.

POLIZAS DE SEGURO DE TIEMPO.

Pueden ser convertidos a pólizas de valor en efectivo, si el individuo escoge esta opción, debe asegurarse y convertir la póliza cuando el individuo alcance la edad de 65 años.

SEGURO DE VALOR EN EFECTIVO.

Este tipo de seguros provee protección y ahorro en caso que el soporte de la familia muera. Este tipo de seguro cubre al asegurado hasta su muerte o hasta que el asegurado deje de pagar las cuotas o hasta que lo cancele. Las cuotas son fijas sin importar la edad del asegurado. Además de protegerle por muerte, la póliza acumula ahorros. El valor en efectivo es generalmente disponible al asegurado por la compañía de seguros en una cantidad total o en pagos mensuales.

SEGURO DE VALOR EN EFECTIVO, ACUMULA EFECTIVO

Todas las pólizas de valor en efectivo ofrecen la opción de comprarlas como participantes o no participantes.

En la primera la compañía de seguros provee protección de muerte y ahorro en efectivo, pero la compañía de seguros cobra una alta cuota así que el asegurado recibirá en forma de dividendos anuales que pueden ser usados para recibir dividendos en efectivo, invertir los dividendos con la compañía de seguros a un interés especificado, le permite comprar seguro adicional, o reducir el pago de cuotas futuras, o comprar un año adicional de seguro.

Este tipo de seguro ofrece protección de por vida, es decir hasta la muerte del asegurado. En caso de muerte del asegurado el valor de la póliza es pagadero al beneficiario.

Hay dos tipos de protección de por vida. Una de ella es seguro de por vida y seguro de pagos limitados.

Seguro de por vida tiene la mas baja cuota porque el pago es a largo plazo. Esta opción de seguros es popular porque ofrece un balance de protección y acumulación en efectivo.

Las compañías de seguros invierten las cuotas en acciones y bonos. Es importante anotar que compañías de seguro han sido obligadas a invertir solo en bonos a corto plazo, por esta razón los retornos en estas inversiones son mínimos.

El otro aspecto para recalcar es que seguros de por vida el asegurado tiene la opción de dejar el valor en efectivo con la compañía de seguro para reducir protección, cancelar la póliza y tomar el efectivo, comprar un seguro de tiempo extendido o descontinuar la póliza y recibir un ingreso del valor en efectivo acumulado por un período de tiempo o de por vida.

SEGUROS DE PAGOS LIMITADOS

Se diferencia del seguro de por vida en los siguientes aspectos:

1. Los pagos de cuotas cesan después de un período de 10, 20 y 30 años o hasta cierta edad, usualmente 60 o 65 años.
2. Las cuotas son más altas que las cuotas que se pagan por los seguros de por vida.
3. Otro aspecto es que la póliza acumula efectivo mas rápido que los seguros de por vida porque las cuotas son altas y el período de pago es corto.

Estos seguros de pagos limitados son preferidos por personas quienes anticipan altos salarios cuando están jóvenes ya que así acumulan una cantidad de ahorro.

SEGURO DE VIDA UNIVERSAL

El seguro de vida universal es una póliza de seguro flexible lo cual permite al asegurado incrementar o disminuir el beneficio de muerte. También el seguro de vida universal permite al asegurado incrementar o disminuir la cantidad o frecuencia del pago de las cuotas.

Un porcentaje del pago de las cuotas es usado para cubrir los gastos operativos de la compañía de seguros.

Seguro de vida universal difiere con el seguro de por vida en tres aspectos: El pago de cuotas es flexible, el beneficio de muerte es ajustable y los riesgos de inversión y mortalidad son transferidos de la compañía de seguro al asegurado. Este tipo de seguro le permite al asegurado acomodar la póliza de acuerdo a las necesidades.

SEGURO DE VIDA VARIABLE

Este tipo de seguro es un seguro de vida, en el cual los beneficios de muerte y el efectivo acumulado varían con el valor de las acciones y bonos. La póliza transfiere el riesgo del asegurado y le permite invertir parte del valor en efectivo a fondos mutuales. Así que el asegurado tiene la oportunidad de protegerse contra inflación. El beneficio de muerte y el valor en efectivo sube y baja dependiendo del rendimiento del portafolio de inversión. Sin embargo la compañía aseguradora garantiza que los beneficios de muerte nunca serán menores que la cantidad inicial en la póliza. El valor en efectivo es el valor que fluctúa. Este tipo de póliza le permite al asegurado hacer una sola cuota.

SEGURO DE VIDA UNIVERSAL VARIABLE

Este seguro de vida permite al asegurado hacer cuotas flexibles. El beneficio de muerte inicial puede ser flexible, dependiendo de la necesidad de la familia y el rendimiento de la inversión. Este tipo de seguro le permite al asegurado invertir en diferentes tipos de inversiones como acciones, bonos, fondos mutuales, los cuales puede cambiar de un tipo a otro. Las ventajas de este tipo de seguro es que ofrece protección y cuotas flexibles. Sin embargo el asegurado debe tener conocimiento de inversiones con el propósito de alcanzar el máximo retorno.

SEGURO DE VIDA QUE SON SENSIBLES A LOS INTERESES

Este tipo de pólizas son ofrecidos por la mayoría de compañías de seguro. Esta póliza es una combinación de seguro de vida entero y el seguro de vida universal. Después de períodos garantizados la compañía de seguro puede usar modificaciones de costos de mortalidad e intereses. Los cambios se reflejan solo en la acumulación del valor en efectivo. Los beneficios de muerte permanecen fijos a través de la vida del contrato. Se debería mencionar que el interés usado para calcular el valor en efectivo es establecido a un interés especificado de ante mano.

SEGURO DE VIDA AJUSTABLE

Cuando la gente busca protección a bajo costo la mejor alternativa es un seguro de vida temporal. Cuando la gente quiere cuotas flexibles y establecer un ahorro la mejor alternativa es un seguro de vida universal. Sin embargo cuando la gente quiere una combinación de los dos la mejor alternativa es comprar un seguro de vida ajustable.

Un seguro de vida ajustable ofrece al asegurado la máxima protección de beneficio de muerte por dólar que cualquier póliza del seguro universal. Las cuotas por el primer año son bajas. La mínima cuota debe ser pagada en el primer año, luego las cuotas son flexibles. Además de la cuota mínima, hay una cuota alta, la cual es llamada cuota neta de seguridad.

Si durante este período el total de cuotas pagadas menos préstamos o retiros es igual a las cuotas netas de seguridad mensuales, la póliza continuará aunque el valor de la póliza sea insuficiente para cubrir la deducción mensual.

Otro seguro de vida ajustable cubre por una cuota anual baja. Por ejemplo si el asegurado de 35 años compra esta póliza y paga la cuota cada año, el beneficio de muerte será garantizado hasta la edad de 97 años sin importar si el valor de la póliza es suficiente para cubrir la deducción mensual.

El tercer tipo de seguro de vida ajustable permite al asegurado cambiar las cuotas, la cantidad inicial, el período de protección. Estos cambios son permitidos durante el período ajustable. Así en el período ajustable, esta póliza regresa a la póliza de seguros de vida entera. Una importante característica de este tipo de póliza es que el asegurado recibe cubrimiento de flexibilidad y la oportunidad de fondos y diferir impuestos. El valor en efectivo en la póliza sufre el ajuste del mercado.

IMPUESTOS Y SEGUROS DE VIDA

Usualmente sobre el incremento del valor en efectivo en una póliza no se paga impuestos. Si el beneficiario recibe dinero por la muerte del asegurado no se incluye en el ingreso. La distribución de beneficio de muerte son ejemplos de impuestos federales. Si la póliza es vendida a alguien más que el asegurado, la persona quien adquiere la póliza debe pagar impuesto como ingreso ordinario.

Dividendos pagados se considera a retorno de capital y por

ende no se paga impuestos hasta que la cantidad recibida exceda el costo de impuesto en la póliza. Cualquier cantidad recibida en exceso del costo de impuestos en la póliza se paga impuestos como ingreso ordinario.

Si el asegurado retira dinero de la póliza el cual no exceda el costo de la póliza, esa póliza no paga impuestos. Cualquier dinero retirado en el mes que excede el costo de impuestos en la póliza se paga impuestos como ingreso ordinario.

Los intereses de un préstamo en la póliza son usados para comprar autos se considera como intereses personales y no son deducibles de impuestos.

Si la póliza se vende, el comprador debe reportar ingreso ordinario hasta que el efectivo exceda el costo en el contrato.

Si la póliza es cambiada por otra no se reconoce ganancia o pérdida. Si la póliza tiene un préstamo la cantidad del préstamo es reconocida como ingreso.

DETERMINAR CUANDO UN SEGURO DE VIDA UNA PERSONA NECESITA

Como regla general una persona necesita de 4 a 6 veces del ingreso anual. Otra regla general sería obtener un plan para proveer ingreso de familia cerca de 20 a 25% del salario al tiempo de muerte. Los dos objetivos de adquirir un seguro de vida con valor en efectivo son alcanzar seguridad financiera para la familia y recibir ingreso en el tiempo de retirarse. Una persona quien busca comprar un seguro de vida debería preguntarse las siguientes interrogantes. En el caso de muerte, cuánto dinero la familia necesitaría para gastos? Por cuánto tiempo esta cantidad se necesitaría?. Cuánto del ingreso del seguro social se espera hasta que los niños no estén cubiertos? Cuánto del ingreso la esposa o esposo necesitará después de que los niños se sostengan por sí mismos?

PRESTAMOS DE UNA POLIZA DE SEGURO DE VIDA

El valor en efectivo que se acumula en un seguro de vida puede ser usado para pedir un préstamo. El porcentaje de pedir prestado del efectivo acumulado en la póliza es que el interés es relativamente bajo comparado con un préstamo personal. La desventaja de pedir prestado de esta póliza es que el beneficio de muerte es reducido por la cantidad del préstamo.

SEGURO DE SALUD

Es importante que una persona adquiera un seguro de salud. Un seguro de salud provee protección contra la pérdida financiera causada por enfermedad. Antes de seleccionar una compañía de seguro de salud, la persona debe conocer que tipo de protección sería la más recomendada. Para decidir que tipo de seguro de salud adquirir la persona debería tomar en consideración lo siguiente: cubrimiento ilimitado, un cubrimiento comprensible, y deducibles razonables.

Hay diferentes tipos de seguro de salud:

1. Seguro de Hospital,

2. Seguro de Cirugía
3. Seguro de Gastos médicos
4. Seguro de mayores gastos médicos
5. Seguro de Salud comprensivo
6. Seguro de gastos de dentista
7. Seguro de gastos de cuidado de ojos; y
8. Seguro de salud suplementaria.

SEGURO DE HOSPITAL

Este tipo de seguro cubre gastos de hospitalización, como gastos de habitación, servicios de enfermería y medicinas.

SEGURO DE CIRUGIA

Este tipo de seguro cubre gastos de cirugía. Este tipo de seguro reembolsa hasta 50 operaciones.

SEGURO DE GASTOS MEDICOS

Este tipo de seguro paga por servicio de doctores. El asegurado es requerido pagar los cargos durante las primeras visitas.

SEGURO DE MAYORES GASTOS MEDICOS

Este tipo de seguro es usado como suplemento de hospital, cirugía y gastos médicos. Muchas pólizas proveen la segunda opción, cuidado de hospital extensivo.

SEGURO MEDICO COMPRENSIVO

Este incluye una combinación de seguro de hospital, seguro de cirugía, seguro de gastos médicos, y gastos médicos mayores. Este tipo de seguro usualmente provee un cubrimiento razonable.

SEGURO DE GASTOS DENTAL

Este tipo de seguro básicamente cubre gastos de dentista. Este tipo de seguro solo provee seguro, cuidado dental preventivo.

SEGURO DE CUIDADO DE LA VISTA

Este tipo de seguro cubre con gastos relacionados con la compra de lentes y lentes de contacto. Además incluye examen de ojos, el costo de lentes y marco de lentes.

SEGURO DE SALUD SUPLEMENTARIA

La mayoría de estos planes usualmente ofrece pagar por cirugía, tratamiento por accidente. Las cuotas por estos planes son usualmente altas. Cuando seleccione una compañía de seguro de salud es recomendable elegir una que ofrezca las mejores cuotas, las mejores pólizas y el mejor servicio. Es preferible evitar compañía que tenga un pobre record financiero. Lo que está buscando es una compañía que sea financieramente fuerte, que ofrezca beneficios y cuotas razonables. La persona debería solo escoger una compañía cuyo rating sea AAA. Una buena póliza de seguro de salud debería tener importantes exclusiones y limitaciones, debería tener un período corto de espera por cubrimiento y deshabilitado y debería ofrecer la opción de renovar la póliza.

CAPITULO V

PLANEAR LA EDUCACION DE SUS HIJOS

La educación universitaria es muy importante porque ayuda a la persona tanto emocionalmente como financieramente. Una persona quien es graduada de la Universidad percibe salarios más altos que una persona quien solo se ha graduado de escuela secundaria.

Desafortunadamente obtener financiamiento para asistir a la universidad, se ha hecho más difícil ya que los costos universitarios cada año se incrementan más. Por esta razón es necesario que la persona tome acción y empiece a planear para poder costear los gastos universitarios. La mejor recomendación es empezar a planear hoy mismo. La educación universitaria es el mejor regalo que un hijo puede recibir.

Los costos de universidad pública se ha triplicado en los últimos años y los costos en universidades privadas se han multiplicado aún mas. El poder de interés compuesto es crucial en planificar.

Trate de planificar para la educación de los hijos lo más temprano. Mientras empiece ahorrar lo más temprano posible, mayores serán sus ahorro, ya que la persona reinvierte las ganancias junto con el capital y así las ganancias se multiplican a través del tiempo.

Si el estudiante espera recibir ayuda financiera de gobierno, los padres no deberían ahorrar en nombre del niño. Los padres deberían también invertir en un 401 K plan y diferir el ingreso ya que para calcular la ayuda federal excluye del 401 K el valor del total de los activos que los padres poseen. De esta manera se puede decir que la mejor manera de ahorrar para la educación de sus hijos es establecer una cuenta de inversión y un fondo de educación a nombre de los padres. El único problema que tendría los padres es que el ingreso de la inversión pagaría impuesto de acuerdo al porcentaje de ingreso.

Los ahorros deberían ser apropiadamente invertidos. Por esto, acciones han sido la mejor forma de ahorrar a largo plazo, aunque el riesgo de sufrir una pérdida temporal es grande, se sabe que invertir en acciones resultan en un retorno mayor. La mejor e inteligente manera de invertir los fondos para la educación de sus hijos es diversificar a través de diferentes clases de activos como acciones, bonos y seguros de mercado de dinero.

La mejor estrategia es invertir en acciones cuando el niño esté todavía pequeño y seguir gradualmente cambiando a bonos y luego a seguros de mercado de dinero cuando el joven este alcanzando el tiempo de ingresar a la universidad. El mejor instrumento de inversión es escoger un buen fondo mutual. Una buena opción es invertir en un fondo que invierta en compañías de crecimiento y luego cambiar a un fondo que ofrezca ingreso cuando el niño esté listo a ingresar a la universidad.

Otra opción es comprar bonos de ahorro los cuales pueden servir como parte de portafolio. Bonos de ahorro se puede adquirir fácilmente a través de una institución financiera. Además los intereses son diferidos hasta que los fondos sean retirados.

COLLEGE SAVINGS CD CERTIFICADO DE DEPOSITO PARA AHORRO UNIVERSITARIO.

Este es un certificado de depósito, el cual se vende en unidades y unidades fraccionarias. Una unidad paga por un año de matrícula y dormitorio. El costo de una unidad o unidad fraccional, esta basado en cuando los padres quieren el certificado se cumpla el plazo. Los padres pueden comprar este tipo de CD en el College Saving Bank.

Los padres pueden invertir tanto como puedan. Los padres recibirán una confirmación diciéndoles que fracción de unidad ellos poseen y cuando el CD acumulara cuando se cumpla el plazo.

Este certificado de depósito está asegurado por el FDIC hasta $100,000. Si el niño gana una beca pero no quiere asistir a la universidad, los padres obtendrán todo el dinero de vuelta más los intereses ganados.

Hay diferentes alternativas financieras para los costos de educación. Estas alternativas pueden ser becas, prestamos, programas de trabajo y estudio.

DIFERENTES TIPOS DE PRESTAMOS PARA ESTUDIANTES

Uno de ellos se llama Perkins y son administrados por las universidades mientras que los fondos son proveídos por el gobierno federal.

Otro tipo de préstamo es Federal Stafford. Estos son

préstamos y ofrecen un bajo interés, subsidiado por el Programa de Préstamos Stafford con el gobierno pagando el interés mientras que el estudiante este en la universidad.

El otro programa de préstamo el cual no es subsidiado y es para aquellos quienes no aplican para el anterior. Para este tipo de transferencias pueden ser aplicados en cualquier institución pública.

Para aquellas personas quienes no quieran conseguir un préstamo de los anteriormente mencionados. Los padres pueden considerar tomar un préstamo hipotecario. Además los intereses sobre este préstamo son deducibles de impuestos

Muchas universidades tienen programas de trabajo y estudio a través de este programa el estudiante pueden ganar dinero para financiar su educación. Si el estudiante es aceptado y decide asistir a una academia militar como West Point, o la Academia de la Fuerza Aérea, la matrícula es gratis y recibe una cantidad mensual para gastos.